성경에 나타난 그리스도의 마음

이미지의 확장성을 중심으로

상아연구논저총서 ③

성경에 나타난 그리스도의 마음

― 이미지의 확장성을 중심으로 ―

이경아 지음

국학자료원

책을 내면서

이 책은 저자가 2006년부터 쓰고 발표한 논문을 묶은 것이다. 1권은 박사학위논문이다. 이는 박목월 시와 조지훈 시의 관계에 대하여, 그 시적 공통점과 차이점을 중심으로 천착한 것으로 Ⅰ장에서는 선행 연구사를 검토하였고, Ⅱ장에서는 각 시인의 성장환경과 사회생활 및 종교를 살펴봄으로써 목월 시와 지훈 시의 배경으로 자리잡은 공통점과 차이점을 파악하였으며, Ⅲ장에서는 이들 시의 소재와 형태 및 표현의 면면을 분석함으로써 목월과 지훈의 시세계가 지닌 공통점과 차이점을 면밀히 고찰하였다. 그리고 Ⅳ장에서는 앞의 논의를 토대로 하여 목월 시와 지훈 시가 지닌 역사적·문학사적·시사적 의의와 현대적 가치를 재정립함으로써 목월 시와 지훈 시의 의미와 위상을 재조명하는 데 주력한 연구물이다. 결과적으로, 목월 시와 지훈 시는 '채움과 비움의 문학'을 내포하며, '생성과 소멸의 미학'을 담고 있음을 발견했다.

2권은 백석·이용악·오장환 시에 나타난 어휘와 이미지를 연구한 논문 모음이다. 이 시인들의 작품은 대부분 1930년대 후반기의 사회적 · 문화적 · 사상적 측면을 내포하고 있으며, 나아가 작가 개인의 일상사와 사유를 내포하고 있다. 이러한 특성은 모든 인간이 자신이 경험한 사회역사적 정황을 떠나서는 존재할 수 없기 때문이다. 시는 언어를 매개로 한 예술이자 어떤 모양으로든 한 시대를 풍미한 시인이 지닌 상상력의 소산이다. 그리고 한 사람의 글과 말은 장소와 시간이 바뀐다고 하더라도 어떤 모양으로든지 상호텍스트성을 이루게 마련이다. 이에 따라 시인의 작품은 그 작품 간에 상호텍스트성(mutual text, intertextuality)을 이루며 유비적(類比的)으로 작용하게 마련이다. 아울러 동시대의 작품들은 그것이 서로 다른 시인의 시라 하더라도 상호텍스트성을 이룰 수 있다. 궁극적으로 '시는 체험의 승화'이기 때문이다.

3권은 성격이 약간 다르다. 한국문학이 아니라 신학, 즉 성경을 텍스트로 삼았기 때문이다. 여기에는 기독교인인 저자가 신학을 처음부터 다시 공부하여 박사과정을 마치기까지 연구하여 제출한 연구논문 3편을 담았다. 오래전, 개인적인 사정으로 박사학위 청구논문 제출은 포기했으나 성경의 어휘와 이미지의 확장성에 관한 관심은 아직도 그칠 줄 모른다. 이 책의 내용은 단 하나의 문장, "이 마음을 품으라"로 대변된다. 이 마음은 그리스도의 '마음'이자 하나님의 영인 성령의 작용으로 생기는 '마음'이다. 나아가서 이 마음은 그리스도인의 '마음'이요 그리스도인의 생활에 근간이 된다.

생각해보면 여기 묶은 글은 이미 책으로 나왔어야 했다. 그러나 여러 가지로 부족함을 알고 있는 터여서 선뜻 책을 낼 용기가 나지 않았다. 발표한 지 꽤 오랜 시간이 흘렀다. 당시에도 대상 텍스트를 보다 총체적·통전적 관점에서 조망하지 못하였다는 점과 보다 많은 작품에 대한 논의를 하지 못했다는 점에서 미흡함을 느끼고 있었는데, 지금은 얼마나 큰 한계를 지니고 있을까. 그때나 지금이나, 좋은 연구자는 끊임없는 훈련으로 터득하게 되는 융합적 사고와 폭넓은 사유가 필수적이라 생각하기 때문이다. 비슷한 시기에 써서 발표한 글들은 그 대상이 동시대의 작품이거나 지은이가 같을 경우에 한해 비슷한 설명과 표현이 있을 것이다. 그럼에도, 수정하지 않고 당시 학술지에 게재된 그대로를 담았다. 그저 질정을 바랄 뿐이다.

끝으로, 주변에 좋은 사람들, 특히 좋은 선생님들을 만나게 해주신 하나님께 감사드린다. 한국어문학, 사학, 철학 그리고 신학 등 학문적인 부분 및 연구자로서 지녀야 할 태도와 품격에 대하여 좋은 가르침을 주시고 본을 보여주신 여러 선생님께 마음과 머리를 숙여 깊이 감사드린다. 출판에 선뜻 나서주시고, 저자의 편의를 고려해가며 적극적으로 힘써주신 국학자료원 대표님과 편집부에도 심심한 사의를 표한다. 항상 말없이 기도하며 응원을 아끼지 않는 어머니와 동생들 내외, 아들 내외, 그리고 늘 내가 우선이고 나만 챙겨주다시피 하는 든든한 남편에게 이 지면을 빌어 깊은 감사를 표하고 싶다.

차례

책을 내면서   5

|제1부| **요한복음에 나타난 '물 이미지' 연구**

Ⅰ. 서론   15
   1. 문제제기   15
   2. 연구사 검토   17
   3. 연구 방법과 범위   23

Ⅱ. 성경에 나타난 '물 이미지'   26
   1. 구약에 나타난 '물 이미지'   27
   2. 신약에 나타난 '물 이미지'   32

Ⅲ. 요한복음에 나타난 '물 이미지'   36
   1. 가나 혼인잔치에 등장하는 '물 이미지'(2:1-11)   46
   2. 믿는 자의 배에서 흘러나오는 '물 이미지'(7:37-39)   60
   3. 십자가상의 예수님 몸에서 흘러나오는 '물 이미지'(19:31-37) 83

Ⅳ. 요한복음의 '물 이미지'에 내포된 신학적 의의　98

　1. 물의 기독론과 성령론　98

　2. 생명과 새로운 시대의 도래　104

Ⅴ. 결론　108

　1. 요약　108

　2. 전망과 제언　115

|제2부| **빌립보서에 나타난 그리스도의 '마음' 연구**

－빌립보서 1:8의 '심장'과 2:5의 '마음'을 중심으로　129

Ⅰ. 들어가는 말　129
Ⅱ. 구조와 주제　132

　1. 구조　132

　2. 주제　135

Ⅲ. 구조분석에 따른 본문주해   136

　1. 첫인사와 감사와 기도 : 1:1-1:11   136

　2. 자신의 근황과 복음의 진보 : 1:12-1:26   138

　3. 종말론적 윤리의 필요성과 성화 : 1:27-2:18   140

　4. 구원의 비밀과 경건의 능력 : 2:19-3:9   145

　5. 온전한 성도와 바람직한 교회의 표상 : 3:10-4:9   148

　6. 권면과 감사와 끝인사 : 4:10-4:23   151

Ⅳ. 빌립보서에 나타난 신학과 의미   152

Ⅴ. 나가는 말   154

|제3부| '성령'과 '그리스도인의 생활' 연구
－'그리스도와의 연합'과 '그리스도인의 생활'을 중심으로   161

　Ⅰ. 들어가는 말   161

Ⅱ. 성령의 기능과 그리스도와의 연합   164

   1. 성령의 정의   164

   2. 성령의 기능   166

   3. 그리스도와의 연합   168

Ⅲ. 그리스도와의 연합과 그리스도인의 생활   170

   1. '그리스도와의 연합'의 본질   170

   2. '그리스도와의 연합'의 과정   171

Ⅳ. 바울서신에 나타난 그리스도인의 생활   176

   1. 로마서에 나타난 그리스도인의 생활   178

   2. 갈라디아서에 나타난 그리스도인의 생활   186

Ⅴ. 나가는 말   190

1부

요한복음에 나타난 '물 이미지' 연구

요한복음에 나타난 '물 이미지'가 요한복음 전체 내용을
받쳐주는 외연적 구조의 골계이면서, 신약성경과 구약성
경을 연결하는 가교와 같은 역할을 할뿐 아니라, 태초의
창조 모티프(creation motif)에서부터 예수님으로 말미암는
재창조 모티프(recreation motif)를 아우르면서 '생명'과 그
로 말미암는 '새로운 시대'의 도래를 내포하고 있다는 점에
서 착안하였다.

요한복음에 나타난 '물 이미지' 연구

Ⅰ. 서론

1. 문제제기

본고는 요한복음에 나타나는 '물 이미지'(Image of Water)가 요한복음의 중심주제인 생명신학과 요한복음 전체구조에 얼마나 중요한 역할을 하는지를 살피는 데 그 목적이 있다. 이는 요한복음에 나타난 '물 이미지'가 요한복음 전체 내용을 받쳐주는 외연적 구조의 골계이면서, 신약성경과 구약성경을 연결하는 가교와 같은 역할을 할뿐 아니라, 태초의 창조 모티프(creation motif)에서부터 예수님으로 말미암는 재창조 모티프(recreation motif)를 아우르면서 '생명'과 그로 말미암는 '새로운 시대'의 도래를 내포하고 있다는 점에서 착안하였다.

물은 태초에 우주를 이루고 있던 질료이자, 하나님께서 하늘과 땅으로 나누어 놓으신 형질이다. 창세기 1장에서 시작하여 요한계시록에 이르기까지 지속적으로 등장하는 '물' 또는 '물 이미지'는 신약성경, 특히 요한복음과 요한일서, 그리고 요한계시록에 집중적으로 나타나는 양상을 보인다. 특히 '물' 또는 '물 이미지'에 대한 기록은 구약성경은 물론, 신약성경에도 많이 등장하며, 신약 중 요한복음에 집중적으로 나타나고 있는데, 그것은 명시적 표현과 암시적 표현으로 대분된다.

요한복음에서 '물 이미지'의 명시적 표현[ὕδωρ]으로는, 요한이 세례를 줄 때 사용하는 '물'(1:19-34), 예수님께서 가나의 혼인잔치에 가셨을 때 포도주로 변화시킨 항아리 속의 '물'(2:1-11), 인간의 거듭남에 필수 매체로서의 '물'(3:1-15), 예수님께서 제자의 발을 씻겨주실 때 사용하신 '물'(13:1-20), 십자가상의 예수님 몸에서 피와 함께 흘러나왔던 '물'(19:31-37) 등으로 대분할 수 있다. 또한 암시나 상징적 표현으로는, 예수님께서 사마리아 여인과 대화하실 때 등장한 생수('물', 4:1-42), 예수님께서 걸어가시고 잔잔케 하신 바닷물(6:16-21), 그리고 성도의 배에서 흘러나오는 생수의 강 '물'(7:37-39) 등을 발견할 수 있다.

이러한 '물 이미지'는 주로 생명, 변화, 복, 성결 그리고 질서를 암시·상징하고 있다. 이 '물 이미지'들은 창세기, 출애굽기, 레위기, 신명기를 비롯하여 에스겔에 등장하는 '물 이미지'와 상호 연결되어 유비(類比)하는 양상을 보인다. 이때, '물 이미지'는 생명의 근원이신 하나님의 주권[生命 또는 生水의 江]을 드러내고, 이는 다시 복음서의

'물'(표적적 의미)과 상호텍스트성(mutual text, intertextuality)을 이루면서 요한계시록의 '물'(영적 의미)과 연결되는데, 종국에는 만물의 회복 즉 생명에 대한 사상[創造—再創造]과 맥을 같이한다. 때문에, 요한복음에 나타난 '물 이미지'는 성경을 해석하고 이해하는 데 매우 중요한 틀로 기능한다.

따라서, 물과 연관된 사건과 상황에 대한 묘사가 집중되어 있는 요한복음의 '물 이미지'는 그 해석과 개념을 재정립할 필요가 있다. 그럼에도, 현재 우리나라에는 개혁주의 신학적 관점에 입각하여 요한복음에 나타나는 '물 이미지'를 연구한 논문이 거의 없는 실정이다. 이에 본고는 요한복음에 나타난 '물 이미지'를 연구하되, 요한복음의 얼개이자 신·구약성경의 가교(架橋)이면서, 새로운 시대[**생명, 영생·하나님 나라**]의 도래를 의미하는 '물 이미지'에 주목하여, 2장 (2:1-11)과 7장(7:37-39) 그리고 19장(19:31-37)에 나타난 '물 이미지'에 천착하고자 한다.

2. 연구사 검토

요한복음에는 '물 이미지'(Image of Water) 외에도 여러 가지 이미지(Image)가 등장한다. 그것은 주로 빛·어둠·떡·목자·포도·양·문·향유 등인데, 이러한 이미지들은 주로, 생명·죽음·영생·말씀·진리·거짓·성령·보혜사 등과 연결되는 양상을 보인다. 이 이미지들은 결국 예수님이 보여주신 일곱 가지 '표적'(σῆμα)과 예수님의 '정체성'을 나타내는 일곱 가지 '에고 에이미'(ἐγώ εἰμι)를 잇는 가교 요 요한복음의 중심내용이기도 하다.

본고는 요한복음에 나타난 이러한 이미지 가운데 '물 이미지'를 연구하기 위하여 요한복음에 나타난 '물' 또는 '물 이미지'에 대한 선행 연구물들을 검토하였다. 앞서 언급했듯이, 요한복음에 나타난 '물 이미지'는 요한복음 전체 내용을 받쳐주는 외연적 구조의 골계이면서, 신약성경과 구약성경을 연결하는 가교와 같은 역할을 할뿐 아니라, 태초의 창조 모티프(creation motif)에서부터 예수님으로 말미암는 재창조 모티프(recreation motif)를 아우르면서 '생명'과 그로 말미암는 '새로운 시대'의 도래를 내포하고 있기 때문이다.

요한복음에 등장하는 '물' 또는 '물 이미지'에 대한 해석은 요한복음 연구에 결코 빠져서는 안 되는 중요성과 필요성을 지니고 있다. 그럼에도 그것에 초점을 맞추고 집중적으로 연구한 연구성과물은 거의 없는 실정이다. 요한복음의 '물' 또는 '물 이미지'에 대한 기왕의 연구는, 요한복음을 연구하면서 불가피하게 포함된 연구와 요한복음에 등장한 '물'에 초점을 맞춘 연구, 이렇게 두 가지로 대분된다.

우선, 요한복음 연구에 불가피하게 포함된 '물'에 대한 기왕의 연구는 우선 오스카 쿨만(Oscar Cullmann)의 관점[1]을 따른 연구물들을 들

---

1) Oscar Cullmann, *Early Christian Workship* (London: SCM Press, 1953).

수 있다. 이 연구물들은 성례전적·종말론적·성령론적 관점에서 '물'을 해석하고, 그 해석에 맞춰 자신들의 신학적 논지를 전개하고 있다.

다음으로는 불트만(R. Bultmann)의 관점[2]을 따른 연구물들을 들수 있다. 이 연구물들은 주로 문학적 관점에서 '물'을 해석하고 있는데, 어휘로서의 '물'이 등장하는 성경말씀의 의미를 똑같은 하나의 의미로 보면서도 때에 따라 다르게 해석하는 우를 범하는 경우가 있어서, 필자의 관점과는 상이하다.

한편, 요한복음에 등장한 '물'에 초점을 맞춘 외국 연구물들은 대표적으로 다드(C. H. Dodd), 컬페퍼(R. Alan Culpeper), 쾌스터(Craig R. Koester), 존스(Larry P. Jones), 라이트풋(R. H. Lightfoot), 위더링톤(B. Witherington), 잉(Wai-Yee Ng) 등을 들 수 있다.

요한복음에 나타난 상징체계를 연구했던 다드(C. H. Dodd)는, 요한복음에 등장하는 '물'이 오래된 종교의 상징이라 규정하였거니와, 그 의미는 오랜 기간 전승되어온 종교의 범위만큼이나 다양한 배경을 지닌 의미망을 내포하고 있다고 보았다. 따라서 그는 요한복음에 등장하는 '물'의 용례를 상징으로 해석하여, 상징으로서의 '물'이 생명이라고 강조한바 있다. 그런데, 이 논문은 물의 성례전적 기능을 인정하지 않고 비성례전적 관점에서 물의 상징적 의미를 해석하는 오류를 범하고 있다.[3]

---

2) Rudolf Bultmann, *Das Evangelium des Johannes*, 허역 역, 『요한복음서 연구』 (서울: 성광문화사, 1990).

컬페퍼(R. Alan Culpeper) 또한 물의 상징을 연구하였다. 그는 이 연구를 통해, 상징으로서의 '물'이 예수·성령 등 인격적 상징과, 예수님의 존재를 알려주는 계시 및 새 생명에 접근하는 수단 등 비인격적 상징으로 혼용되었다고 요한복음에 나타나는 '물'의 다양한 용례를 밝힌바 있다.[4]

이 연구를 토대로 하여, 쾌스터(Craig R. Koester)는, '물'의 의미를 정결케 하는 수단(씻음)과 음식(마심)으로서의 용례에 주목했으며, 이 상징을 비롯한 요한복음의 상징체계가 성만찬보다는 성례와 연관된다고 주장한바 있다.[5] 이는 수단과 도구로서의 '물'에 집중한 결과로 보이며 '물'의 상징적 측면을 고려하면 다소 편협한 해석이라 판단된다.

존스(L. P. Jones)는 "하나의 상징은 내러티브가 전개되면서 의미를 확장시키거나 깊게 한다"는 전제 아래, 요한복음을 문학적 관점으로 접근하여, 거기 등장하는 '물'의 상징을 정의하고, 그것이 독자에게 미치는 영향을 연구하였다. 그는 우선 예수님의 사역을 그 시기 및 장소에 주목하였거니와, 거기 나타나는 '물'의 의미론적 측면과

---

3) C. H. Dodd, *The Interpretation of the Fourth Gospel* (Cambridge: Cambridge University Press, 1953), 137-138.

4) R. Alan Culpeper, *Anatomy of the Fouth Gospel : A study in Literary Design* (Philadelphia: Fortress Press, 1983); R. Alan, Culpeper, 『요한복음 해부』, 권종선 옮김 (서울: 요단출판사, 2011[2000]), 306-310.

5) Craig R. Koester, *Symbolism in the Forth Gospel : Meaning, Mystery, Community* (Minneapolis: Fortress, 1995), 155-184.

기능적 면모에 초점을 맞추어 집중적으로 분석하였다. 이에 따라 그는 요한복음에 나타나는 '물'이 독자에게 결신(決信)을 요구하는 상징으로 사용되었음을 밝히 드러낸바 있다.6) 이 연구는 '물'의 상징이 독자의 결단을 촉구하는 촉매제로 기능한다는 점에서 어느 정도 타당성을 지니나, 그것을 약속과 성취의 의미에서 접근한 필자의 논지와는 거리가 있다.

그런가하면 라이트풋(R. H. Lightfoot)은 요한복음의 문맥을 연구하였다. 그는 이 연구를 통하여, 요한복음에 등장하는 물이, 처음 몇 장에는 은빛 실처럼 일관성 있게 나타나다가, 뒤로 가면서 그 등장이 띄엄띄엄 나타남에도 불구하고, 중요한 문맥에서는 그것이 어김없이 나타난다는 점을 발견한바 있다.7)

위더링톤(B. Witherington)은 물의 의미를 연구하였다. 그는 요한복음의 '물'을 거듭남의 관점에서 접근하였거니와, 그 의미가 명시적 또는 암시적으로 세상 속에서의 육체적 출생과 믿음 안에서의 영적 출생 사이의 비교·대조를 나타낸다고 논한바 있는데, 여기서 그는 '물', 그중에서도 '생수'를 종말론적인 희망 또는 기대와 연결하여 해석하고 설명함으로써, '물'을 그저 하나의 기호로 다루는 우를 범하고 있으므로 필자의 견해와는 판이하다.8)

---

6) Larry P. Jones, *The Symbol of Water in the Gospel of John* (Sheffield: Sheffield Academic Press, 1997), 12-29.

7) R. H. Lightfoot, *St. John's Gospel : A Commentary* (Oxford: Clarendon Press, 1956), 121.

이에 비하여 잉(Wai-Yee Ng)은 요한복음의 '물'을 종말론적 메시지로 해석하고, 그것이 내포한 신학적 의미를 제시한바 있다. 이는 그가 역사적·문학적·신학적 관점에서 통합적 인식으로 '물'에 접근하였고, 요한복음 전체에 광범위하게 등장하는 어휘로서의 '물'에 집중하였으며, 그것의 반복 등장 및 구약성경과 연결되는 면면을 주목함으로써, 구약에 등장하는 '물'의 상징이 신약에 그리고 요한복음에 어떻게 나타나는가를 구속사적으로 분석한 결과라 사료된다.9) 따라서 이 논문은 앞의 논문들에 비하여, 요한복음의 '물'에 대해 통전·통합적 접근을 시도했다는 점에서 보다 종합적 견해와 해석을 밝혀 놓았다고 할 수 있다.

외국의 이러한 연구성과에 비해, 한국에서 이루어진 요한복음의 '물'에 대한 선행 연구성과물은 이복우와 장동일의 논문이 대표적이다.

이복우는 국내에서 최초로 요한복음의 '물'이 가진 신학적 의미 및 기능을 연구하였거니와, 요한복음에 등장하는 '물'이 수단 및 도구로서의 기능을 나타내는 것과 '예수 그리스도와 성령', '정결하게 됨'의 의미를 나타내는 것이 있으며, 궁극적으로는 육체의 죽음과 영생을 상징한다고 해석한바 있다.10)

---

8) B. Witherington Ⅲ, "The Waters of Birth : John 3:5 and 1 John 5:6-8", NTS 35/1 (1989), 155-160.

9) Wai-Yee Ng, "Johannine Water Symbolism" SBL 15 (New York: Peter Lang, 2000), 2-15.

10) 이복우, "요한복음에 나타난 '물'(ύδωρ)의 신학적 기능과 의미", 미간행 신학석사 학위논문 (수원: 합동신학대학원대학교, 2003), 101.

또한, 두 번째로 요한복음의 '물'에 집중한 장동일은, '물'이 등장하는 요한복음의 네 구절을 선택하여 그 구약적 배경을 알아보고, 결과적으로 요한복음의 '물'은 '성령'을 의미한다고 논한바 있다.11) 이복우와 장동일의 논문을 종합하면, 요한복음의 '물'은 궁극적으로 '예수 그리스도'와 '성령' 그리고 '영생'을 의미하고 있음을 알 수 있다.

필자는, 요한복음의 '물'을 성례전적으로 해석한 쿨만(Oscar Cullmann)과 성경의 어휘 '물'에 집중한 불트만(R. Bultmann)의 견해에 초점을 맞추기보다는, 비유[상징]와 변화를 나타내는 '물' 또는 '물 이미지'에 집중하였다. 이는 모든 성경의 주제와 주인공이 예수 그리스도이시라는 점, 예수 그리스도께서 친히 스스로를 '물' 또는 '생수'라고 정의하셨다는 점, '물' 또는 '물 이미지'가 신·구약성경에 공히 나타나며 그 핵심내용을 관류·관통하고 있다는 점, 창세기의 처음 내용과 요한계시록의 나중 내용에 '물' 또는 '물 이미지'가 등장한다는 점에서 '물 이미지'(Image of Water) 연구의 필요성과 중요성을 절감하였기 때문이다.

3. 연구 방법과 범위

앞서 거론한바, 성경에 등장하는 '물 이미지' 연구의 필요성과 그 중요성에도 불구하고 현재 '물 이미지'를 연구한 성과물은 그리 많지

11) 장동일, "요한복음의 물의 의미와 기능", 미간행 신학석사학위논문 (서울: 총신대학교, 2005), 74.

않다. 특히 요한복음에 나타난 '물 이미지'에 관한 연구는 거의 없다고 해도 과언이 아니다. 본고는 바로 이 점에 착안하여 요한복음에 나타난 '물 이미지'에 집중하였거니와, 예수님과의 만남 및 그것을 통한 변화와 완성을 내포하고 있는 2장(2:1-11), 7장(7:37-39), 그리고 19장(19:31-37)에 나타난 '물 이미지'를 중심으로 천착하고자 한다.

이를 위해 우선 Ⅱ장에서는 '물'의 개념과 신·구약성경에 나타난 '물'의 활용에 대해 살펴보고, Ⅲ장에서는 예수님과의 만남 및 그것을 통한 변화와 완성을 내포하고 있는 '물 이미지'(2:1-11; 7:37-39; 19:31-37)를 중점적으로 천착함으로써, 하나님께서 요한복음을 통하여 계시하신 '물 이미지'가 성경 전체에서 문맥(文脈, context)적으로 어떤 위치에 있는지를 가늠하여 정리한 후, 거기 내재된 신학코드 및 상호텍스트성(mutual text, intertextuality)을 분석하고자 한다.

그리고 Ⅳ장에서는 앞의 논의를 토대로 하여, '물 이미지'에 내포된 신학적 의미를 살펴보고, 그 때 거기 살던 사람들에게 주신 하나님의 말씀과 '물 이미지'에 차용된 명시 및 암시가 오늘 여기 있는 우리에게 어떻게 기능하는가를 생각해봄으로써 요한복음에 나타난 '물 이미지'에 내포된 신학적 기능과 의미를 재정리하는 데 주력할 것이다.

이 연구는 성경이 영감된 하나님의 말씀이라는 것을 전제한다. 본고의 연구방법론으로는 사회학적 연구방법론(Sociological Approach)과 문예비평적 연구방법론(Literary Approach)을 병용할 것이며, 이미지로서의 '물' 분석에 관해서는 수사학적·본문언어학적 관점에서의 접근이 불가피할 것이라 사료된다. 그럼에도, 본고는 요한복음 전체를 다루지 못했다는 점을 비롯하여 그 연구방법과 신학 쟁점에 미흡점과 한계를 지니고 있음을 인정하며, 이에 대하여는 앞으로의 연구와 논의를 통하여 차차 보완될 것이라 전망한다.

끝으로, 본고는 앞서 언급한바, 요한복음에 나타난 '물 이미지' 가운데 예수님과의 만남 및 그것을 통한 변화와 완성을 내포하고 있는 '물 이미지' 천착에 주력할 것이므로, 도구 혹은 수단으로 사용된 '물' 또는 '물 이미지'(1:19-34; 3:1-15; 4:1-42; 13:1-20)는 연구대상에서 제외하였음을 미리 밝혀둔다.

II. 성경에 나타난 '물 이미지'

물은 태초에 우주를 이루고 있던 질료이자, 하나님께서 하늘과 땅으로 나누어 놓으신 형질이다. 물은 동물과 식물의 생명을 보존하고 유지하는 필수요소이며, 인간의 생명을 유지하고 연장하는 데 꼭 필요한 물질이기도 하다. 창세기 1장에서 시작하여 요한계시록에 이르기까지 지속적으로 등장하는 '물'(Water, Waters) 또는 '물 이미지'(Image of Water)는 신약성경, 특히 요한복음과 요한일서, 그리고 요한계시록에 집중적으로 나타나는 양상을 보인다.

여기서 '물 이미지'란 물의 물리적 특성보다는 성경에 등장하는 '물'이 내포하고 있는 사상이나 의미를 말한다. 왜냐하면 성경에 기록된 내용은 하나님의 계시의 말씀으로서 그 대상은 독자이고, 또한 그것은 독자의 논리성과 지성을 향하여서만 말하는 것이 아니라 독자의 상상력과 감성에도 호소하고 있기 때문이다. 하나님의 말씀인 성경의 제1저자는 하나님이시거니와 하나님께서는 그 택하신 사람을 사용하여 성경을 기록하셨으며, 기록하실 때 제2저자로 택한 그 사람을 전(全)인격적으로 사용하셨다. 따라서 영감된 성경은 추상적 개념을 포함한 그 이상의 것들, 즉, 모든 실재를 표현하고 전달할 수밖에 없다.12)

---

12) Leland Ryken, 『문학으로 성경을 어떻게 읽을 것인가』, 곽철호 역 (서울: 은성, 1996), 15.

주목할 것은, 성경이 그것을 기록한 저자의 세계관이나 어떤 상황, 사물에 대한 개념이나 가치 또는 명제를 서술하는 데 그치지 않는다는 점이다. 성경은 많은 부분이 이미지와 상징으로 표현되어 있다. 그러므로 성경에 등장하는 이미지들은 주목할 필요성과 중요성이 있다.[13] 특히 '물' 또는 '물 이미지'에 대한 기록은 구약성경은 물론, 신약성경에도 많이 등장하며, 신약 중 특히 요한복음에 집중적으로 등장하는 양상을 보이는데, 그것은 명시적 표현과 암시적 표현으로 대분된다. 그리고 성경에 나타난 표현으로서의 '물' 또는 '물 이미지'를 연구할 때 가장 중요한 틀은 본문의 위치와 그것이 속한 문맥(文脈, context)이다.

1. 구약에 나타난 '물 이미지'

구약에 등장하는 어휘 '물'은 히브리어로 일반적인 '물'을 가리키는 단어 מַי(마이: may)와 '넘칠 것 같은 많은 물'이라는 의미를 내포한 단어 מַיִם(마임: mayim)이 있다. 이중 '물들'(waters)이라는 개념을 지닌 단어 מַיִם은 복수형태로만 사용되며, 어떤 때는 '즙' 또는 '정액'이라는 뜻으로도 사용되었다. 구약에 어휘로서의 '물'은 580여 회 등장하는데, 주로 역사적 사건이나 이스라엘의 의식을 묘사할 때 등장하며, 더러 비유나 상징으로 사용되기도 했다.

---

13) Ibid., 27-28.

역사적 사건 속에 등장하는 '물'은 최초로 하나님의 천지창조 장면(창 1:1-3)에서 볼 수 있다. 하나님께서는 천지를 창조하실 때 '물'을 윗물과 아랫물로 나누시고, 또 아랫물을 땅과 바다로 구분하셨다. 이는 하나님의 천지창조 중 빛의 창조에 이은 둘째 날의 창조사역으로서, 성경에 나타나는바 '물'의 사용에 대한 장엄한 시작이며 질서의 창조라 아니할 수 없다. 이후 '물'은 하나님께서 인간에게 자신을 나타내실 때 주로 사용하시는데, 이로써 하나님은 스스로 하나님 자신이 만물의 창조자이시자 주관자이심을 드러내셨다.

따라서 하나님은 우주 전체에 존재하는 모든 '물'의 창조자이시자 소유자이시요, 공급자이시자 주관자이시다[14] 이로써 인간을 창조하신 하나님은 인생의 소유자이시며 주관자이시고 찬양과 영광의 대상이심을 성경을 통해 계시하신다.[15] 이뿐 아니라 인생을 심판하실 때에도, 하나님께서는 '물'을 사용하셨다.[16] '물'이 부족하면 인간의 삶에 여러 가지 문제가 생긴다. 인체는 망가지고, 심지어 죽음을 초래하며, 청결하지 못한 생존 환경 또한 심각하게 오염될 뿐만 아니라 그 결과 역시 생명 있는 모든 것의 죽음을 몰고 오기 때문이다.

그런데 당시 이스라엘 민족의 터전이었던 팔레스타인은 '물'이 부족한 지역이었다. 따라서 그 지역에 거주하는 사람들은 주로 물(빗

---

14) 창 7:17-20; 8:2-3; 16:14; 출 15:23-27; 17:1-7; 레 26:4; 민 24:6; 신 28:12; 수 3:16; 4:18; 왕상 8:35; 18:41; 왕하 2:8; 사 15:6; 55:1; 렘 2:13 참조.

15) 시 36:8; 78:13; 136:13.

16) 창 7:11; 출 4:9; 14:21-26; 15:8-19; 시 105:29; 106:11; 124:4; 사 54:9; 암 5:8; 9:6 등.

물)에 의존하여 생활하였는데, 성경을 보면 아브라함의 아들 이삭 역시 그가 가는 곳마다 우물을 팠던 기록[17]과 물웅덩이에 관한 기록[18]이 나온다. 이로 인해 신명기 6:4-11에는 하나님께서 여호와를 사랑하고 그 말씀에 순종하는 사람에게 주실 복으로서 "파지 아니한 우물을 차지하게 해주실 것"을 약속하신바 있다. 나아가 샘물을 막거나 야트막하게 건축한 인공연못[19]에 관한 기록 또한 찾아볼 수 있다.

또한, '물'은 이스라엘 의식에도 매우 요긴한 물질이었거니와, 주로 정결의식에 사용되었다. 정결의식에서 '물'은 매우 중요한 역할을 하는데, 내면적·도덕적으로 순결하게 되는 예식과, 하나님을 예배하기 위한 준비와 죄를 없애거나 죄 없음을 선언하는 데 사용되었음을 알 수 있다. 이때 신자를 정결하게 하는 예식 중 등장하는 '물'은 '씻는다'는 동사와 함께 사용되어 그 의식과 관련하여 신자의 행위를 묘사하는 양상을 보인다.[20] 아울러 제의 제사장에게 적용된 용례[21]도 있다.

한편, 구약에 나타난 '물'은 이미지로서 비유적 표현에 사용되기도 했다. 이를테면, 그것은 창세기를 통해 태초에 하나님께서 '물'을 나누어 놓으신 궁창 곧 하늘에 있는 창들을 여실 때 내리는 비[22]로 묘

---

17) 창 21:30; 29:2-8 참조.
18) 대하 26:10; 렘 2:13 참조.
19) 삼하 2:13; 사 7:3; 요 5:2-7.
20) 창 18:4; 24:32; 43:24; 레 11:32; 14:8-9, 50; 15:5-10, 16; 민 19:7-20 참조.
21) 출 29:4, 17; 30:18; 40:12; 레 1:9, 13; 8:5-6; 9:14; 신 21:1-9.
22) 창 7:11; 8:2.

사되고 있는데, 에스겔에서는 그 궁창 위에 있는 깊은 '물'과 하늘의 색깔이 남보석 색이고 그 색으로 된 보좌에 앉아계신 하나님(겔 1:26)을 묘사하고 있거니와, 그 색깔이 오늘날 우리가 볼 수 있는 맑은 하늘과 깊은 바다의 색(투명한 남보석 색깔)과 같음은 실로 놀라운 일이 아닐 수 없다.

이밖에도 구약에 나타나는 '물 이미지'(Image of Water)는 긍정적 측면에서, 생수의 근원이신 하나님,[23] 그리고 하나님의 신[靈] 곧 태초부터 계셨던 하나님의 신 '성령'[24]이자 신자들에게 부어주셔서 그들을 채워주시는 '성령',[25] 또한 하나님을 신앙하는 간절한 마음 (시 42:1), 마르지 않는 샘(사 58:11), 시냇가에 심은 나무(시 1:3; 렘

---

23) 렘 2:13; 17:13 참조.

24) 겔 36:25; 47:1-12. 이 두 곳에 나타나는 '물'은 '죄와 사망의 법' 아래 사는 인간들에게 '생명과 성령의 법' 아래 사는 삶, 즉, 새로운 시대를 경험하게 하는 '물'이거니와, 하나님의 성소에 계시는 하나님의 '영' 곧 '성령'이다. 이를테면, 에스겔 36:25의 깨끗한 '물'은 37장에서 하나님의 '생기'로 나타나는데, 47장에서 그것은 하나님의 '영' 곧 하나님의 거처에서 운행하시는 '성령'을 뜻한다. 따라서 에스겔에 등장하는 '물 이미지'는 주로 '성령'의 은유임을 알 수 있다(유상섭, 『설교를 돕는 분석 요한복음』 (서울: 규장각, 2003), 83-84 참조.).

25) 창 1:2; 출 31:3; 35:31; 신 34:9; 사 32:15; 44:3-4; 겔 36:25-26; 39:29; 욜 2:23; 28-29; 잠 1:23. 특히 이사야 44:3-4에는 "나는 목마른 자에게 물을 주며 마른 땅에 시내가 흐르게 하며 나의 영을 네 자손에게 나의 복을 네 후손에게 부어 주리니 그들이 풀 가운데에서 솟아나기를 시냇가의 버들 같이 할 것이라"고 말씀하심으로써 '물'과 '영'이 동일한 격으로 사용되는 것을 볼 수 있다. 이 구절에서 하나님이 부어 주실 '복'은 마른 땅과 같이 갈급한 마음을 가지고 하나님 앞에 나아오는 인간에게 부어주실 '복'으로서의 '물'과 '영'을 뜻한다. 따라서 이사야 44:3-4은, '물'이 메마른 땅을 회복시키고 소생시켜 생명으로 풍성하게 하듯이, 하나님께로부터 흘러나오는 '성령' 또한 그분을 믿는 믿음의 후손들에게 부어질 것이며, 이를 통해 그들은 새 생명(영생)을 경험하는 새로운 시대의 도래를 충분히 맛보게 됨을 의미한다.

17:8), 하나님을 아는 지식의 광대함(합 2:14; 사 11:9), 하나님의 정의와 공의(암 5:24)[26] 등을 표현하는 데 사용되었다.[27]

한편, 부정적 측면에서 사용된 '물 이미지'도 있는데, 그것은 매춘 행위에 대한 비유로 사용된 도적질한 '물'(잠 9:17), 두려움이 녹아된 '물'(수 7:5), 하나님을 떠나 마른 땅처럼 되어버린 '물' 없는 죽음 (시 143:6), 죽음이 쏟아내는 '물'(삼하 14:14; 시 22:14), 참람한 억압과 고통으로 생긴 많은 '물'(삼하 22:17), 침략자의 힘과 원수의 권세를 상징하는 '물'(사 66:12; 렘 47:2; 시 18:4; 124:4) 등을 묘사할 때 나타나는 양상을 보인다.

이를 고려하면, 구약에 사용된 מַיִם(mayim)의 용례는 규칙적이고 양면성을 지니고 있음을 알 수 있다. 그것은 질서와 무질서(혼돈), 생명과 죽음, 복과 벌로 대분되며, 그 비교와 대조가 반복된다는 점이다. 이러한 '물'의 용례는 신약에서도 동일한 개념을 지닌 채 수단 또는 방법으로 사용된 것과 생명과 변화를 나타내는 표현으로 사용된 것으로 현저히 구별된다. 그리고 이 '물 이미지'는 구약과 신약이 하나님의 구속사적 관점에서 기록된 하나님 말씀이라는 점에서 서로 유비적(類比的)으로 작용하며, 신·구약성경의 주인공이 예수 그리스도 단 한 분이시라는 점을 명백히 드러내는 중요한 단초가 된다.

---

26) "오직 정의를 물 같이 공의를 마르지 않는 강 같이 흐르게 할지어다"

27) G. M. Burge, "물", 『예수 복음서 사전』, 요단출판사 번역위원회 역 (서울: 요단, 2013[2003]), 311; M. M. B. Turner, "성령", 『예수 복음서 사전』, 요단출판사 번역위원회 역 (서울: 요단, 2013[2003]), 590-593 참조.

2. 신약에 나타난 '물 이미지'

신약에 나타나는 '물'은 헬라어로 'ὕδωρ'(휘도르: hydōr)이다. 신약성경에 78회 등장하는 이 단어는 복음서[28]에 39회[29] 나타나는데, 이 외에도 서신서와 계시록에 이르기까지 매우 광범위하게 등장한다. 그중에도 특히 요한복음에 집중되어 있는 경향을 보인다. 중요한 것은 신약에 나타난 이 '물'[ὕδωρ]이 예수님의 사역과 불가분의 관계에 있다는 점이다. 신약에 등장하는 '물'은 우선 인간의 생명을 유지하게 하는 식수이자 타인의 갈증을 풀어주기 위해 베푸는 '물'을 의미하며, 인간이 마심으로써 갈증을 해결하는 '물'을 뜻하는 단어로 사용되었다.[30]

당시 '물'의 주된 용도는 정결을 위한 것이었다. 따라서 그것은 옷을 빨거나 손과 그릇을 닦기 위해(마 7:3; 23:25; 막 7:4; 눅 11:39),

---

28) 복음서 곧 사복음서는 상호보완적으로 작용하면서도, 각 복음서마다 독특하고 독자적이며 단편적인 '이야기' 세계를 드러내고, 다양한 만남과 수많은 대화가 등장하지만 그 주인공은 하나같이 예수님이시다(Ryken, Leland, op. cit., 207-216 참조.).

29) 복음서에 나타나는 39번의 '물'[ὕδωρ] 또는 '물 이미지'(Image of Water) 가운데에는 베드로가 걸었던 '물'(마 14:29), 사람에게 들렸던 귀신이 나와 들어간, 즉, 돼지가 뛰어들어 몰사한 '물'(마 8:32), 갑작스런 풍랑으로 인해 제자들이 탔던 배에 차올랐던 '물'(눅 8:23-25) 등이 등장하며, 집에 온 손님의 발을 씻도록 준비해 놓은 '물'(눅 7:44; 요 13:5), 나그네를 대접해야 하는 '물'(마 10:42; 막 9:41), 전통에 의한 풍속 곧 관습대로 식사 전과 식사 후에 손을 씻는 '물'(막 7:2-23), 정결예식에 사용했던 '물'과 세례를 줄 때 사용한 '물'(마 3:11; 막 1:8; 눅 3:16; 요 1:26) 등이 있다(G. M. Burge, op. cit., 310-312.).

30) 막 9:38-41; 14:13; 눅 16:19-21; 22:10; 요 4:1-42; 약 3:12; 계 8:10-11; 14:7; 16:4-5 참조.

또 손님을 영접할 때 길에서 묻은 먼지를 씻어내기 위해(눅 7:44; 요 13:1-20; 딤전 5:10), 육체적·내면적·도덕적 정결을 위해(마 27:24; 요 1:19-34; 3:1-15; 13:1-20) 사용되었다. 그리고 심판 날에 예수님을 믿음으로 말미암아 구원 받은 자들이 마시게 되는 '물'을 묘사하기 위해(계 8:10-11; 14:7; 16:4-5) 사용되었다. 이는 신약에 나타난 '물'의 긍정적 용례이다.

반면, 구약에서와 같이 '물'의 부정적 용례도 있다. 그러나 이 부정적 용례는 반드시 부정적이라고만 판단해서는 안 된다. 왜냐하면 그것은 제자들의 믿음을 흩어놓고 생명을 위협하는 힘, 즉, 꽤나 위협적인 혼돈의 세력으로 나타나기는 하지만(막 4:35-41; 6:45-52; 벧후 3:5-6), 예수님께서 신적 권위를 행사하시며, 새로운 질서를 확립하시고, 자신이 누구이신가를 드러내는 사건과 관련하여 등장[31]하기 때문이다.

'물'의 이러한 용례는 '생명—죽음—새 생명'으로 이어지는데, 이는 '창조—타락—재창조'와 그 맥을 같이한다. 이는 믿음으로 예수님을 영접하여 세례를 받아, 죄와 사망의 권세에서 벗어나 영생의 삶을 살게 되는 신자의 구원과 매우 밀접한 관련이 있다. 왜냐하면 세례는 예수 그리스도를 만난 신자가 그분의 죽으심과 합하여 함께 장사되고, 그분을 죽은 자 가운데서 살리신 하나님의 사랑으로 말미암아 그분과 합하여 새 생명을 얻는 것, 곧 부활을 경험하는 것(롬 6:4)이나

---

31) 마 8:23-27; 14:23-33; 막 4:35-41; 6:45-52; 눅 8:22-25; 계 17:1 참조.

다름이 없기 때문이다.

이를 고려할 때, 신약에 나타난 '물'[ὕδωρ]의 용례 역시 양면적이고 규칙적인 경향을 지니고 있다. 그것은 구약과 마찬가지로 질서와 무질서(혼돈), 생명과 죽음, 복과 벌로 대분되거니와, 그 비교와 대조 또한 반복된다. 이러한 '물'에 관한 표현은 신약성경 가운데 요한복음에 집중되어 나타난다. 그리고 그 양상 또한 매우 복합적으로 나타나는데, 그것은 '물'이 예수님의 사역 가운데 발생하는 여러 사건의 초점이자 말씀의 의미를 드러내는 매개물로 기능하기 때문이다.

요한복음에는 예수님의 세례 사건(요 1:19-34)을 비롯하여 일곱 가지 사건, 즉, 가나의 혼인잔치에서 물을 포도주로 변하게 하신 사건(요 2:1-11), 니고데모와 나누신 밤의 대화(요 3:1-21), 사마리아 여인과 나누신 우물가의 대화(4:1-42), 38년이나 된 병자를 고치신 베데스다 연못가의 표적(5:3-7), 초막절에 장차 될 일을 예언하신 사건(7:37-39), 제자들의 발을 씻겨주신 일(13:1-20), 십자가에 못박히신 예수님의 몸에서 피와 물이 흘러나온 사건(19:31-37)에 '중심이미지'로서의 '물' 즉 사건의 초점이 되는 '물'이 등장한다.

이 '물'들은 다시 수단으로서의 '물'과 이미지(Image)로서의 '물'로 구분할 수 있는데, 전자는 예수님께서 어떤 일을 행할 때 없어서는 안 되는 물리적 도구나 수단으로 등장하고, 후자는 생명이신 예수님을 만나는 사건의 중요성과 그분이 하나님의 아들이심을 믿음으로 말미암아 생명을 얻어 이전과는 전혀 다른 성분[生]으로 변화되는 것, 그리고 그 성분[성령으로 말미암는 生命의 기운, 福音]이 충만하게 되어 밖[他人, 周邊人]으로 흘려보내게 되는 새로운 시대의 도래[생명, 영생·하나님 나라]를 내포하고 있다.

그러면, 이제부터 요한복음에 나타난 '물 이미지'(Image of Water)를 중점적으로 살펴보도록 하자.

III. 요한복음에 나타난 '물 이미지'

요한복음에서 '물 이미지'(Image of Water)의 명시적 표현[ὕδωρ]으로는, 요한이 세례를 줄 때 사용하는 '물'(1:19-34), 예수님께서 가나의 혼인잔치에 가셨을 때 포도주로 변화시킨 항아리 속의 '물'(2:1-11), 인간의 거듭남에 필수 매체로서의 '물'(3:1-21), 예수님께서 제자의 발을 씻겨주실 때 사용하신 '물'(13:1-20), 십자가에 못 박혀 돌아가신 예수님의 몸에서 피와 함께 흘러나왔던 '물'(19:31-37) 등으로 대분할 수 있다. 또한 암시나 상징적 표현으로는, 예수님께서 사마리아 여인과 대화하실 때 등장한 생'수'('물', 4:1-42), 예수님께서 걸어가시고 잔잔케 하신 바닷'물'(6:16-21), 성도의 배에서 흘러나오는 생'수'(생명의 강'물', 7:37-39) 등을 발견할 수 있다.

이러한 '물 이미지'는 주로 생명, 변화, 복, 성결 그리고 질서를 암시·상징하고 있다. 그리고 이 '물 이미지'들은 창세기, 레위기, 신명기를 비롯하여 에스겔에 등장하는 '물 이미지'와 연결되는 양상을 보인다. 이때, '물 이미지'는 생명의 근원이신 하나님의 주권[生命 또는 生水의 江]을 드러내고 있다. 아울러 이는 다시 공관복음서의 '물'(표적적인 의미)과 상호텍스트성(mutual text, intertextuality)을 이루면서 요한계시록의 '물'(영적인 의미)과 연결되는데, 종국에는 만물의 회복[創造－再創造] 즉 생명에 대한 사상과 맥(脈)을 같이한다. 따라서 요한복음에 나타난 '물 이미지'는 성경을 해석하고 이해하는

데 매우 중요한 틀로 기능한다.

이복우 역시 이를 인식하고 요한복음에 나타나는 '물'의 등장에 주목하여, 요한복음의 시작부터 마지막까지 끊어지지 않고 나타나는 어휘 '물'을 연구한바 있다. 요한복음에서 어휘 '물'은 신학쟁점이 되는 5장을 제외하고서도 열여덟 구절에서 21회[32] 언급되었다. 이때 '물'이라는 단어는 여러 가지 사건과 연계되어 있거니와, 그 사건들은 당연히 어떤 인물들과 시간 그리고 공간과 관련성을 지니고 있게 마련이다. 이복우는 그의 논문에서 '물'이라는 단어가 지닌 이 관련성에 집중하였다. 그 결과, 그는 요한복음에 나타나는 단어 '물'이 하나님께서 펼치시는 구속사의 진전과 전환 또는 성취를 알리는 중요한 매개체임을 발견하였다.[33]

이러한 이복우의 연구는 여러 모로 미진한 요한복음 연구 및 요한복음의 '물' 연구에 상당한 진보를 가져왔다고 판단된다. 요한복음은 당시 요한공동체가 접한 상황을 반영하고 있으며, 이는 요한복음의 구조와 긴밀한 관련이 있기 때문이다. 요한복음의 구조는 요한복음에 나타나는 '물 이미지'(Image of Water)와 함께 요한복음 기록자 요한이 간접적으로 밝힌 저자 자신의 목적[34]과 직결되는 양상을 보인다.

---

32) G. M. Burge, op. cit., 311.

33) 이복우, "요한복음에 나타난 '물'(ὕδωρ)의 신학적 기능과 의미", 미간행 신학석사 학위논문 (수원: 합동신학대학원대학교, 2003); 이복우, "요한복음에 나타난 물(ὕδωρ)의 신학적 의미와 기능 (1)", ≪신학정론≫ 제32권 1호 (수원: 합동신학대학원대학교 출판부, 2014), 77-109 참조.

34) "오직 이것을 기록함은 너희로 예수께서 하나님의 아들 그리스도이심을 믿게 하려

이는 요한복음의 구조가 삼위일체 하나님의 창조사역에서 시작하여 예수님의 본성을 다루고, 그분의 성육신으로 말미암는 세상에서의 사역과 만남 그리고 그 만남으로 탄생한 사도 베드로에게 자기 백성[양]을 맡기는 것으로 끝나는 데 기인한다. 이때 예수님께서는 제자 베드로에게 "내 양을 먹이라", "내 양을 치라" 그리고 다시, "내 양을 먹이라"시며 목자로서의 자기역할을 그 제자에게 이양하시고 선교를 명하셨다. 그런데 이 명령은 예수님의 승천과 승천 후 보내주실 성령에 대한 약속을 전제하고 있음을 알아야 한다.[35]

여기서 잠깐 요한복음의 전체 구조를 보기로 하자. 콜린 G. 크루즈(Colin G. Kruse)는 『요한복음』 주석을 통하여 요한복음을 4단계로 구분하여 놓았다.[36] 그는 1단계를 프롤로그 즉 서론으로서 1:1-18까지라고 보았으며, 이 내용은 태초에 하나님과 함께 계셨으며, 창조의 대리인이었고, 예수님의 인격 안에서 성육신하신 말씀 곧 예수 그리스도를 서술하는 내용으로 구성되어 있다고 보았다.

또한 크루즈(Colin G. Kruse)는, 본론이 두 개의 긴 단락으로 이루어져 있다고 보았는데, 그 하나는 1:19-12:50까지이며, 다른 하나는 13:1-20:31까지라고 규정하고 있다.

그의 관점에 의하면, 전자[2단계]는 예수님께서 세상에 사시는 동

함이요 또 너희로 믿고 그 이름을 힘입어 생명을 얻게 하려 함이니라" (요 20:31).

35) 요 21:15-22.

36) Colin G. Kruse, 『틴데일 신약주석 시리즈 4 : 요한복음』, 배용덕 옮김 (서울: 기독교문서선교회, 2013), 28.

안 가르치시고 행하시는 일을 서술하고 있으며, 하나님 아버지를 나타내는 표적들과 강화들을 통해 그것을 보고 듣는 사람들로 하여금 그들이 보고 듣는 것을 믿게 하고, 그것을 믿는 자들에게 영생을 선물로 준다고 선포하는 내용이 주를 이룬다. 그리고 후자[3단계]는 예수님께서 자기 재림을 언급하시고, 아버지 하나님과 그 사건을 연결시킴으로써 제자들을 훈련시키고 준비시키시며, 십자가의 죽음을 향해 가는 예수님의 고난당하심과 죽으심 그리고 부활하심과 그 이후를 이야기하는 내용으로 구성되어 있다.

마지막으로 그는 결론[4단계]인 에필로그를 21:1-25까지로 보고 있다. 그는 여기에 새로운 세상 즉 예수님께서 부활하신 후에 베드로를 비롯한 제자들에게 나타나셔서, 다시 새로운 사명을 주시고, 베드로의 죽음을 예언하신 후, 그 사랑하시는 제자의 운명에 대해 말씀하시는 내용과 요한이 요한복음을 기록한 목적이 서술되어 있다고 주장한다.

크루즈(Colin G. Kruse)가 개관한 이 구조를 고려하며 요한복음의 '물 이미지'를 보아도, 그것은 모든 중요한 내용이 들어가야 하는 본론의 처음·중간·나중 부분에서 어떤 사건이나 갈등이 가장 절정으로 치닫기 직전이나 직후에 한 번씩 나오고 있음을 발견할 수 있다. 이에 비하여 도날드 거스리(Donald Guthrie)는 요한복음을 11단계로 나누어 정리해 놓았다.

도날드 거스리(Donald Guthrie)의 구조를 면밀히 살펴보면, [1]은 서문으로 예수님이 누구신가를 다루고 있으며, [2]와 [3]은 예수님의 초기사역에 대한 기록이다. [4]부터는 예수님의 고치심(일하심)과 가르치심이 한층 강화되어 나타나고 있으며, 그것은 [10]까지 이어진다. 그리고 [11]은 예수님의 공생애 말기사역과 그 결과 및 에필로그, 그리고 요한복음의 저자 요한이 이 복음서를 기록한 목적이 나온다. 이로써 요한복음은 온전히 예수님의 사역에 근거하고 있음을 알 수 있다.

[1]　1:1-1:18　　**서문**
　　　1:1-1:5　　　선재하시는 말씀
　　　1:6-1:8　　　세례 요한의 증거
　　　1:9-1:13　　세상에 오신 빛
　　　1:14-1:18　말씀의 성육신

[2]　1:19-2:11　**서두의 사건들**
　　　1:19-1:34　예수님에 대한 세례 요한의 증거
　　　1:35-1:51　첫 제자들을 부르심
　　　2:1-2:11　　한 표적을 통한 계시

[3]　2:12-4:54　**예루살렘, 사마리아, 갈릴리에서의 초기 만남들**
　　　2:12-2:25　성전 정화
　　　3:1-3:21　　새로운 출생
　　　3:22-4:3　　예수님과 세례 요한
　　　4:4-4:42　　사마리아에 가신 예수님

4:43-4:54   갈릴리에서 보이신 두 번째 기적

[4] 5:1-5:47   **예루살렘에서의 치유와 강화**
    5:1-5:18   한 앉은뱅이를 고치심
    5:19-5:47   아버지와 아들에 대한 계시들

[5] 6:1-6:71   **갈릴리에서의 또 다른 표적들과 강화들**
    6:1-6:15   군중을 먹이심
    6:16-6:24   예수님이 물 위를 걷다
    6:25-6:59   생명의 떡에 대한 논의들
    6:60-6:71   예수님의 가르침과 일하심에 대한 제자들의 반응

[6] 7:1-8:59   **초막절 때의 예수님**
    7:1-7:9   예수님이 갈릴리에서 예루살렘으로 가시다
    7:10-7:52   명절 때에 행하신 예수님의 가르침
    7:53-8:11   간음하다 잡힌 여인
    8:12-8:59   세상의 빛이신 예수님

[7] 9:1-10:42   **또 다른 치유와 가르침**
    9:1-9:41   예수님이 태어나면서 눈먼 자를 고치시다
    10:1-10:18   목자이신 예수님
    10:19-10:21   이 가르침의 효과
    10:22-10:42   수전절 때의 대화

[8] 11:1-11:57   **나사로의 죽음과 부활**
    11:1-11:44   죽음을 이기시는 예수님

11:45-11:5 그 기적의 결과

[9] 12:1-12:50 **예루살렘에서의 공적인 사역의 종결**
12:1-12:8 마리아의 헌신
12:9-12:11 베다니에 예수님이 오신 일에 대한 반응들
12:12-12:19 예루살렘 입성
12:20-12:26 헬라인들의 문의
12:27-12:36 인증과 물러남
12:37-12:50 계속되는 불신앙

[10] 13:1-17:26 **제자들과 함께하시는 예수님**
13:1-13:3 발을 씻긴 예수님의 상징적 행동과 그 결과
14:1-14:31 제자들에게 주신 확신과 명령들
15:1-15:17 포도나무 비유
15:18-16:33 제자들에게 주신 또 하나의 교훈
17:1-17:26 예수님의 기도

[11] 18:1-21:25 **수난과 부활의 내러티브**
18:1-18:11 배신
18:12-19:16 재판
19:17-19:37 십자가 처형
19:38-19:42 장례
20:1-20:29 부활
20:30-21:25 에필로그[37)]

---

37) Donald Guthrie, "요한복음", 『IVP 성경주석』, 김재영·황영철 역 (서울: 한국기독학생회출판부, 2010), 1408-1409.

이 개요는 요한복음에 대한 예수님의 사역별 분류와 다름이 없다. 필자 역시 이 개요에 동의하는 바이다. 이 분류에서 '물 이미지'(Image of Water)는 총 7회 등장하는데, 주목할 것은 이 '물 이미지'들이 예수님이 어떤 일을 행하실 때 사용된 도구로서의 '물'을 가리키는 것이 아니라, 예수님의 개입하심으로 변하는 어떤 '내용'을 내포하고 있다는 점이다. 그리고 예수님의 개입하심으로 변하는 어떤 '내용'을 내포하고 있는 '물 이미지'는 초기([2]·[3]), 중기(전개에서 절정으로 치닫는 부분, [4]-[10]), 말기([11])에 각 한 번씩 나타난다. 이를 고려하면서, 일찍이 롱맨(Tremper Longman III)이 제시한 성경의 서사구조를 면밀히 살펴보면, 요한복음을 이해하는 데 많은 도움이 된다.38)

성경의 서사구조에 집중한다는 것은, 성경을 분석 또는 해석할 때 사회학적 비평의 관점과 문학적 비평의 관점을 병용하는 방법을 말한다. 따라서 성경의 서사구조를 살피는 작업은, 그 구조를 통해 그때 거기 살던 요한공동체의 삶을 들여다보기 위한 것이라기보다는, 본문의 내용이 오늘 여기 사는 우리에게 주고 있는 메시지를 발견하는 데 초점을 맞추기 위한 것이다. 이는 성경의 서사구조가 그때 그 자리와 상황을 보는 창으로 작용하는 것이 아니라, 오늘 여기 있는 삶의 자리와 자세를 확인하게 하는 일종의 거울로 기능한다는 점을

---

38) 유은식, 『문학적 성경해석』 (서울: 솔로몬, 2002), 132-147; 이재성, "갈등 구조를 통해 본 요한복음의 성령의 사역에 관한 연구", 미간행 철학박사학위논문 (평택: 평택대학교 대학원, 2005), 18-21.

고려할 때 결코 간과할 수 없기 때문이다.[39]

성경 서사는 모두 어떤 배경을 바탕으로 하여 사건이 발생하는 상황을 제시하고, 그 사건 가운데 갈등을 초래하는 원인이 되는 중심사건이 발생하여, 그 사건의 발단─전개─해결의 과정을 거치며 여러 사건의 문제가 됐던 갈등이 해소되는 양상을 보인다. 그리고 이는 당시 정황을 반영하며 신학과 신앙의 본질을 견고히 다지는 결과를 가져오게 되며, 그 후에야 비로소 제시된 상황이 종결된다.

따라서, 롱맨(Tremper Longman Ⅲ)의 서사구조를 참조하면서 요한복음의 서사구조를 살펴보면, '물 이미지'(Image of Water)가 나타나는 요한복음의 전체구조는 <표 1>과 같다.[40]

<표 1>

서언	1:01-1:18	배경 설명과 당시 상황	프롤로그
본론	1:19-19:37	사건들의 태동과 진행 및 그 해결양상	문제발견
	1:19-1:34	초기 사역 - 세례를 주는 물	도구
	2:01-2:11	**초기 사역 - 가나의 혼인잔치에서 포도주로 변한 물※**	**변화**
	3:01-3:21	중기 사역 - 거듭남에 필요한 물	도구
	4:01-4:42	중기 사역 - 사마리아 여인에게 제시된 해갈의 물	도구

---

39) Colin G. Kruse, op. cit., 56.

40) 요한복음에 등장하는 물 가운데 자연물로 존재하는 물 즉 '바닷물', '연못물' 등은 본고의 논의대상이 아니므로 <표 1>에서 제외하였음을 밝힌다.

	7:37-7:39	중기 사역 - 성도의 배에서부터 흐르는 생수의 강물※	변화
	13:01-13:20	중기 사역 - 제자들의 발을 씻겨주신 물	도구
	19:31-19:37	말기 사역 - 예수님의 옆구리에서 피와 함께 나온 물※	변화
결어	19:38-20:29	예수님의 죽음과 부활	문제 해결
	20:30-20:31	요한복음의 기록목적 (저자의 의도)	기록 목적
에필 로그	21:1-21:25	목자로서의 직분과 선교 명령	부록

필자가 만든 <표 1>을 통해 알 수 있듯이, 요한복음에 나타난 '물 이미지'(Image of Water) 가운데 예수님과의 만남 및 그것을 통한 '변화와 완성'을 내포하고 있는 '물 이미지'는 2장, 7장, 19장에 나타난다. 그러므로 본고는 이 세 본문을 집중적으로 살펴보고자 한다. 왜냐하면 그것은 요한복음의 얼개이자 신·구약성경의 가교이면서, 새로운 시대[**생명, 영생·하나님 나라**]의 도래를 의미하고 있기 때문이다.

이에 따라, 요한복음에 기록된 어떤 사건의 수단이나 도구로 사용된 1장, 3장, 4장, 13장의 '물' 또는 '물 이미지'(1:19-34; 3:1-15; 4:1-42; 13:1-20)는 본고의 연구대상에서 제외하고, 2장(2:1-11)과 7장(7:37-39) 그리고 19장(19:31-37)에 나타난 '물 이미지'를 집중·분석하고자 한다. 우선 2장에 나타나는 '물 이미지'를 보기로 하자.

1. 가나 혼인잔치에 등장하는 '물 이미지'(2:1-11)

1) 본문의 구조 분석과 주해

요한복음 2:1-11에는 예수님께서 처음 행하신 가나 혼인잔치[41]의 표적이 나온다. 이때 예수님께서 참여하신 이유는 초대를 받았기 때문이다. 따라서 예수님은 신랑이나 신부, 또는 그들의 가족과 친분이 있는 사이였음을 알 수 있다. 당시 이스라엘 민족의 혼인잔치는 일주일 동안 지속되었다. 그 기간 동안에 매일 새로운 하객들이 와서 신랑과 신부를 축하해주는 것이 당시 풍속이었기 때문이다. 때문에 잔치 음식은 물론이고, 음료였던 포도주 소비량 역시 매우 많았음은 자명한 이치이다.

그런데 3일째 되던 날, 잔칫집에 포도주는 동이 나버렸다. 그것은 실로 당황스러운 일이었으며 자칫 망신을 당할 수도 있는 일이었다. 이를 알게 된 마리아는 예수님께 그 사실을 고한다. 그러자 예수님께서는 포도주가 다 떨어졌다는 어머니 마리아의 말을 듣고, 거기 있는 종들에게 비어있는 항아리에 '물'을 가득 채우라고 명하신다. 종들은

---

41) 구약성경에서도 잔치는 하나님의 구원에 대한 비유로 사용되었다. 예컨대, 시편 23편은 하나님의 백성이 악한 권력자들에게 쫓겨 다니다가 얻게 되는 하나님의 구원을 노래하고 있으며, 이사야 25:5과 55:1-2에도 메시야 시대의 구원이 시온에서 열렸던 매우 큰 잔치라 표현되어 있다. 따라서 요한복음 2장에 나타난 가나의 혼인잔치 역시 하나님의 구원에 대한 상징이며, 거기 등장하는 '물 이미지'(Image of Water)가 그것(하나님 구원의 임함에 관한 표적)을 드러내는 매개물로 기능하고 있음을 알 수 있다(김세윤, 『요한복음 강해』(서울: 두란노아카데미, 2013[2001]), 70-72 참조.).

이 명령에 순종하여 여섯 개의 돌항아리에 '물'을 가득 채운다. 다음은 본문을 면밀히 살펴 그 문맥을 고려하면서 분석한 본문의 구조이다.

a. 2:1-2 예수님께서 제자들과 함께 가나의 혼인잔치에 초대를 받음
: 사건의 정황 설명

b. 2:3 예수님이 참석 중인 잔칫집에 집에 있는 포도주가 떨어짐
: 문제 발생(기)

c. 2:4 예수님의 어머니 마리아가 예수님께 그 사실을 고함
: 문제의 해결 1(승 1)

d. 2:5-6 마리아가 종들에게 명하기를 예수님이 무슨 말씀을 하시든지 순종하라고 함　　: 문제의 해결 2(승 2)

d'. 2:7-8 종들이 마리아의 말을 따라 예수님 말씀에 순종함 (정결의식을 위해 놓여 있던 항아리를 물로 가득 채우고, 그것을 떠서 연회장에 가져다 줌) : 문제의 해결 3(전 1)

c'. 2:9 잔치에 참여한 자들이 포도주의 출처를 알지 못함
: 문제의 해결 4(전 2)

b'. 2:10 예수님께서 최상의 포도주를 내심
: 문제 해결 완료(결)

a'. 2:11 예수님께서 첫 표적을 통해 자신의 영광을 나타내심(함께 있던 제자들이 이 표적을 보고 예수님을 믿게 됨)
: 사건 종결 및 해설

초점이 모든 내용을 감싸고 있는 이 이야기는 익히 아는바, '물'이 포도주로 변한 사건이다. 이 사건은 예수님께서 처음으로 자신이 누

구인가를 드러내신 표적이다. 예수님께서는 이 표적을 통해 잔치에 함께 참여한 제자들에게 자기의 영광을 드러내셨고, 제자들은 이 표적을 보고 예수님을 믿게 되었다. 이 이야기는 공관복음에는 기록되어 있지 않고 요한복음에만 등장하는데, 유대인의 정결의식과 예수님의 표적을 연결하여, 예수님을 만남으로 말미암아 이전과는 비교할 수 없는, 전혀 새로운 것으로 변화되는 어떤 속성을 드러내고자 한 것으로 판단된다.

이 본문에 대한 기왕의 연구를 보면, 이 이야기는 '물'과 '포도주'를 연결시켜 유대교와 기독교의 연속성과 불연속성을 다루었다고 보는 견해가 주조를 이룬다. 대표적인 학자로는 스몰리(Stephen S. Smalley), 키사르(Robert Kysar), 다드(C. H. Dodd), 바레트(C. K. Barrett), 피터슨(Robert A. Peterson), 브라운(R. E. Brown), 모리스(Leon Morris), 머레이(George R. Beasley-Murray)를 들 수 있으며, 이를 성례전적으로 해석한 오스카 쿨만(Oscar Cullmann)이 있다.

우선 스몰리(Stephen S. Smalley)는 여기 나오는 '물 이미지'와 '포도주 이미지'가 유대교와 기독교의 연속성을 내포한다고 보았다.[42] 이는 기독교라는 새 원소가 유대교라는 옛 원소의 성분을 어느 정도 유지하면서, 포도주가 함의하고 있는 '맛'에 해당하는 부분이 대체되었다고 보는 견해이다.

---

42) Stephen S. Smalley, *John : Evangelist & Interpreter* (Exeter: Paternoster Press, 1998), 177.

키사르(Robert Kysar)는 이 사건을 상징으로 보는 관점에서 접근하였다. 그는 당시 예수님의 삶과 사역을 유대인의 믿음에 대한 재창조 사건으로 파악하였으며, 유대인의 정결의식에 사용되었던 돌항아리(본문에 등장하는 물동이)와, 그 항아리를 채웠던 물이 물에서 포도주로 변화된 것에 주목하였다.[43] 그의 연구는 그리스도 예수를 통한 하나님의 계시가 이스라엘을 향한 하나님의 사랑과 구속의 진보와 완성을 나타내는바, 이것이 요한복음의 주제라고 보는 견해를 담고 있다.

다드(C. H. Dodd)는 이 사건을 모세를 통해서 주신 율법이 예수님을 통해서 주신 은혜와 진리로 대체되는 것으로 해석하고자 했다.[44] 이는 이 사건이 예수님의 오심으로 말미암아 변하게 되는 새로운 세상의 질서와 진리를 내포한다고 보고, 유대교의 정결의식에 사용되었던 항아리를 가득 채운 물이 예수님에 의해 포도주로 대체된바 그 대체된 특성이 곧 옛 질서를 무(無)화시키고 세운 새 질서를 암시한다는 주장이나 진배없다.

바레트(C. K. Barrett) 또한 여기 등장하는 '포도주'를 완성된 유대교로서의 복음이라 보고, 본문 말미에 등장하는 "예수님의 영광"(2:11)이 유대교를 대체하는 암시적 계시라고 보았다.[45] 피터슨

---

43) Robert Kysar, 『요한의 예수 이야기』, 최홍진 역 (서울: 한국장로교출판사, 1995), 25-26.

44) C. H. Dodd, op. cit., 299.

45) C. K. Barrett, The Gospel According to St. John (Philadelphia: Westminster Press,

(Robert A. Peterson) 역시, 이 사건을 예수님께서 유대교의 정결의식에 내포된 가치와 의미를 무(無)화하시고, 그 의식에 사용되는 항아리의 '물'을 취하여 혼인잔치에 사용할 포도주를 공급하신 데 주목하였으며, 이 표적을 그리스도와 교회의 혼인 예표라 해석하였다.[46]

또한, 브라운(R. E. Brown)은 이 사건의 '물'과 '포도주'를 유대교가 기독교로 바뀌는 것이라 보았으며, 이를 '구속사의 완성'이라는 관점에서 해석하였다. 그는 본문 말미에 등장하는 "좋은 포도주"(2:10)가 메시야로 말미암는 '새로운 시대'의 도래를 의미한다고 파악했으며, 포도주의 풍성함은 곧 종말의 기쁨에 대한 구약성경 중 아모스, 호세아, 예레미야 선지자의 비유(암 9:13-14; 호 14:7; 렘 31:12)와 그 맥을 같이한다고 강조하였다.[47]

그런가하면, 모리스(Leon Morris)는 이 사건의 '물'을 율법으로, '포도주'를 그리스도를 믿는 자들이 그리스도 예수 안에서 누릴 영생의 충만함으로 파악하였다.[48] 머레이(George R. Beasley-Murray) 또한 여기 등장하는 '포도주'가 천국 잔치의 특징을 나타내는 것이며(사 25:6), 그리스도가 오시는 날에 대한 징조(암 9:13; 욜 3:18)라고 보았

1978), 189.

46) Robert A. Peterson, *Getting to Know John's Gospel* (Phillipsburg: New Jersey: Presbyterian and Reformed Publishing Company, 1989), 44-46.

47) R. E. Brown, *Gospel according to John, No. I* (New York: Doubleday, 1966-1970), 105.

48) Leon Morris, 『요한신학』, 홍찬혁 역 (서울: 기독교문서선교회, 1995), 42.

다. 따라서 본문에 등장하는 포도주의 풍성함은 예수님의 오심과 하나님 나라의 도래를 함의하는 것이라고 종말론적으로 해석하였다.[49]

한편, 쿨만(Oscar Cullmann)은 이 표적에 나타난 '포도주'가 예수님이 십자가상에서 흘리시는 피를 가리킨다고 보고 그것을 성찬식에서 주어지는 '포도주'와 동일시하여 이 사건을 성례전적으로 해석한바 있다.[50]

여기서 주목할 것은, 다드(C. H. Dodd)와 바레트(C. K. Barrett), 그리고 피터슨(Robert A. Peterson) 등의 학자가 이 본문의 '물'과 '포도주' 이미지를 유대교와 기독교 또는 율법과 은혜를 대체하는 하나의 상징으로 보았다는 점이다. 위에 거론한바, 이들의 해석은 대부분 유대교가 기독교로, 율법이 은혜로 '대체'(supersession, supersede)된 것이라는 주장이다.

그런데, 여기서의 '대체'는 교체·폐기·폐지의 의미를 내포하는 단어이다. 따라서 전자는 아주 없어지고 후자가 그것을 대신한다는 의미, 즉, 궁극에는 후자만 남는다는 의미를 지니고 있으므로, 필자는 이에 동의하지 않는다. 성경은 그 어디에도, 유대교가 아주 없어지는 것[消滅]에 대해 언급하고 있지 않으며, 예수님의 오심(마 5:17) 역시 율법의 폐기가 아니라 언약의 완성 곧 약속의 성취를 위한 것이라 기록되어 있기 때문이다.

---

49) George R. Beasley-Murray, *John*, WBC 36 (Waco, Texas: Word Books, 1987), 36.
50) Oscar Cullmann, op. cit., 69-70.

2:1 Καὶ τῇ ἡμέρᾳ τῇ τρίτῃ γάμος ἐγένετο ἐν Κανὰ τῆς Γαλιλαίας, καὶ ἦν ἡ μήτηρ τοῦ Ἰησοῦ ἐκεῖ·
사흘째 되던 날 갈릴리 가나에 혼례가 있어 예수의 어머니도 거기 계시고

2:2 ἐκλήθη δὲ καὶ ὁ Ἰησοῦς καὶ οἱ μαθηταὶ αὐτοῦ εἰς τὸν γάμον.
예수와 그 제자들도 혼례에 청함을 받았더니

사건이 발생한 때와 장소를 분명하게 밝히고 있는 이 본문에서 '물 이미지'(Image of Water)는 외연적으로 세 번(7절에 한 번, 9절에 두 번) 나타난다. 그럼에도, 단어의 내포를 고려할 때 '포도주 이미지'로 변형된 '물 이미지'는 세 번 더 등장(2:8의 ἀντλήσατε, 떠서, 2:10의 καλὸν οἶνον, 좋은 포도주, 2:11의 Ταύτην ἀρχὴν τῶν σημείων, 이 첫 표적)함을 알 수 있다.

2:9 ὡς δὲ ἐγεύσατο ὁ ἀρχιτρίκλινος τὸ **ὕδωρ** οἶνον γεγενημένον, καὶ οὐκ ᾔδει πόθεν ἐστίν, οἱ δὲ διάκονοι ᾔδεισαν οἱ ἠντληκότες τὸ **ὕδωρ**, φωνεῖ τὸν νυμφίον ὁ ἀρχιτρίκλινος
연회장은 **물**로 된 포도주를 맛보고도 어디서 났는지 알지 못하되 **물** 떠온 하인들은 알더라 연회장이 신랑을 불러

2:10 καὶ λέγει αὐτῷ· πᾶς ἄνθρωπος πρῶτον τὸν καλὸν οἶνον τίθησιν, καὶ ὅταν μεθυσθῶσιν τὸν ἐλάσσω· σὺ τετήρηκας τὸν **καλὸν οἶνον** ἕως ἄρτι.

말하되 사람마다 먼저 좋은 포도주를 내고 취한 후에 낮은 것
을 내거늘 그대는 지금까지 **좋은 포도주**를 두었도다 하니라

2:11 Ταύτην ἐποίησεν ἀρχὴν τῶν σημείων ὁ Ἰησοῦς ἐν
Κανὰ τῆς Γαλιλαίας, καὶ ἐφανέρωσεν τὴν δόξαν αὐτοῦ,
καὶ ἐπίστευσαν εἰς αὐτὸν οἱ μαθηταὶ αὐτοῦ.

예수께서 **이 첫 표적**을 갈릴리 가나에서 행하여 그의 영광을
나타내시매 제자들이 그를 믿으니라

요한복음에 등장하는 일곱 가지 표적 가운데 가장 처음 나오는 이
표적은, 본문의 구조에 따라 가나에서 있었던 혼인잔치이야기 중
가장 절정의 부분에 해당하는 기록이기도 하다. 예수님의 첫 표적
은 그분이 어디서 오신 누구신가를 확실히 알고 믿은 마리아의 요
청, 곧 믿음으로 말미암는다. 예수님을 낳은 마리아는 잔칫집에 포
도주가 동이 났음을 알고는, 예수님께 "저희에게 포도주가 없다"고
그 사실을 알린다. 하지만 예수님께서는 "여자여 나와 무슨 상관이
있나이까 내 때가 아직 이르지 아니 하였나이다"라고 말씀하셨다.

2:3 καὶ ὑστερήσαντος οἴνου λέγει ἡ μήτηρ τοῦ Ἰησοῦ πρὸς
αὐτόν· οἶνον οὐκ ἔχουσιν.

포도주가 떨어진지라 예수의 어머니가 예수에게 이르되 저들
에게 포도주가 없다 하니

2:4 καὶ λέγει αὐτῇ ὁ Ἰησοῦς τί ἐμοὶ καὶ σοί, γύναι; οὔπω

ἥκει ἡ ὥρα μου.

예수께서 이르시되 여자여 나와 무슨 상관이 있나이까 내 때

가 아직 이르지 아니하였나이다

여기서 주목할 것은 '여자여'(γύναι) 라는 호칭이다. 보편적인 개념에 의하면, 이는 매우 예의가 없고 퉁명스러운 표현이자 호칭으로 여겨질 수 있기 때문이다. 그러나 당시 사회에서 '여자여'(γύναι) 라는 호칭은 상대를 무시하거나 애정이 없음을 드러낼 때 사용하는 말이 아니었다. 그것은 예수님이 십자가에 달리신 채, 제자 요한에게 자기 어머니를 부탁하실 때[51] 사용하신 호칭이라는 점에서도 알 수 있다. 아울러, 이 호칭을 사용할 때 예수님께서는 마리아의 아들로서 일을 하시고 삶을 사시는 것이 아니라, 공적 사역 즉 하나님의 뜻을 행하고 계심을 시사하고 있다는 점 또한 깨닫게 된다.

---

51) "**여자여** 보소서 아들이니이다 하시고 또 그 제자에게 이르시되 보라 네 어머니라 하신대". 예수님은 어머니에게 '여자여' 라는 호칭을 단 두 번(요 2:4; 19:26) 사용하셨다. 요한복음에서 이 두 본문은 예수님의 신성을 드러내고 있는데, 이를 고려하며 20:13에 등장하는바, 천사의 말 가운데 사용된 칭호 "여자여"의 용례를 깊이 생각하면, 이 용어는 거친 표현도 무례한 호칭도 아님을 알 수 있다. 예수님의 십자가 사건으로 말미암아 이 세상에서 자연적·개인적으로 만난 모든 만남은 끝이 났으며, 그 어머니와의 인연도 종결되었기 때문이다. 따라서 십자가에 못박힌 채 어머니 마리아를 내려다보고 있는 그때 그 예수님에게 남아있는 것은 오직 하나님 아들로서의 신분과 사역이었음을 알 수 있다(요 2:4; 19:26; Arthur Walkington Pink, op. cit., 1084-1092 참조.).

2:5 λέγει ἡ μήτηρ αὐτοῦ τοῖς διακόνοις, ὅ τι ἂν λέγῃ ὑμῖν, ποιήσατε.

그의 어머니가 하인들에게 이르되 너희에게 무슨 말씀을 하시든지 그대로 하라 하니라

이에 마리아는 순전한 믿음으로 반응하며, 그 집의 종들에게 예수님의 말씀이 무엇이든 간에 그대로 행하라고 명하였다. 예수님의 첫 표적은 "때가 아직 이르지 아니 하였나이다"라고 밝히 말씀하셨음에도 불구하고, 행하여졌다. 그것은 순전한 믿음으로 말미암은 사건이자, 자신의 존재를 드러내시는 계시의 일환이었다. 또한 그 일은 바로 그때 그 자리에 있었던 것을 사용하셔서 보여주셨으며, 제자들은 이것을 본 후에 예수님을 믿고 따르게 되었다.

구약성경에서 표적은 선지자들이 하나님 말씀의 참됨을 증명하기 위해서 사용된 것으로, 주로 어떤 사건을 통해 당시 '거기 있는' 사람들에게 하나님의 일하심을 현재적으로 보여주는 상황의 발현이었다. 이에 비해 신약성경에 나타나는 표적은 늘 예수님이 하나님의 아들이신 것을 드러내시는 데 사용되고 있다. 이는 신약성경에 등장하는 표적이 예수님의 권세와 정체성을 증명하기 위하여 사용되었다는 것이나 다름이 없다. 이는 표적을 통해 예수님의 영광이 드러나고, 그것을 본 제자들이 예수님을 믿게 되는 결과를 보아도 알 수 있다.

2:6 ἦσαν δὲ ἐκεῖ λίθιναι ὑδρίαι ἓξ κατὰ τὸν καθαρισμὸν
τῶν Ἰουδαίων κείμεναι, χωροῦσαι ἀνὰ μετρητὰς δύο ἢ
τρεῖς.
거기에 유대인의 정결 예식을 따라 두세 통 드는 돌 항아리 여
섯이 놓였는지라

2:7 λέγει αὐτοῖς ὁ Ἰησοῦς· γεμίσατε τὰς ὑδρίας <u>ὕδατος</u>.
καὶ ἐγέμισαν **αὐτὰς** ἕως ἄνω.
예수께서 그들에게 이르시되 항아리에 **물을 채우라** 하신즉
아귀까지 채우니

2:8 καὶ λέγει αὐτοῖς· **ἀντλήσατε** νῦν καὶ φέρετε τῷ
ἀρχιτρικλίνῳ. οἱ δὲ ἤνεγκαν.
이제는 **떠서** 연회장에게 갖다 주라 하시매 갖다 주었더니

본문에서 볼 수 있듯이, 이 표적은 예수님에 대한 마리아의 믿음과
그에 따른 순종(2:4-8)으로 인해 물이 포도주로 변한 사실을 나타내
며, 예수님을 만나고 알고 믿으면 그것으로 말미암아 무엇이든 주 안
에서 구하는 것과 영생을 얻을 수 있다는 성경말씀52)을 입증하는 사
건으로 사용되었다. 다시 말하면, 이 사건은 예수님께서 자기 자신이
하나님의 아들 그리스도이심을 드러내기 위해 보이신 표적이다. 요
한복음의 저자 요한은 바로 이 표적에 대한 기록이 하나님의 아들 예

---

52) 요 15:7; 17:3; 20:31.

수 그리스도이심을 믿어 생명을 얻게 하기 위함이라고 명시(요 21:31)해 놓았다.

한편, 김세윤은 『요한복음 강해』 1장에서 잔칫집 마당에 있던 여섯 개의 항아리를 주목한바 있다. 그는 이 장을 통해서, 본문에 등장하는 여섯 개의 돌항아리가 실제로는 유대 정결의식을 위해 물을 담아놓는 용기이거니와, 유대교의 성전 체제를 상징한다고 주장하고, 그 항아리들이 잔치에 어떤 도움도 되지 못했던 본문의 내용을 거론하며, 그것은 유대교 성전 체제가 유대인들에게 진정한 구원을 가져다 줄 수 없음을 상징한다고 해석한바 있다.[53] 이는 문맥상 바로 뒤에 성전 청결 사건(2:13-17)이 이어지는 점을 고려할 때 어느 정도 타당하다고 판단된다.

김세윤의 해석에 의하면, 가나의 혼인잔치는 하나님의 구원을 상징하고 있다. 혼인잔치이야기 속에서 포도주가 떨어진 것은 파장한 잔치와 마찬가지인 유대교를 가리킨다. 유대교를 통해서는 더 이상 어떤 기쁨도 생명도 얻을 수 없다. 이 표적은, 구원이 바로 그 유대교를 완성하신 예수님으로 말미암아 이루어지며, 예수님만이 그들을 구원하여 하나님 나라 잔치에 참여하게 해주신다는 것을 나타낸다. 따라서 이 표적은 예수님이 창조주이심을 드러내는 역할을 하며, 그 제자들에게 예수님이 누구신가를 알리는 기능을 한다. 이러한 해석

---

53) 김세윤, 앞의 책, 71-72.

은 앞서 언급한 이복우의 주장54)과 그 맥이 통하거니와, 필자의 견해와도 큰 차이가 없다.

가나 혼인잔치에서 예수님으로 말미암아 벌어진 사건, 즉, 이 표적은 예수님이 곧 하나님의 아들이심을 세상에 나타내는 첫 표적이다. 바로 이 첫 번째 표적을 통해 예수님의 영광은 세상에 드러나게 된다. 아울러, 제자들은 이 표적을 통해 자신들이 기다리던 메시야가 예수님이심을 인식하게 되고, 그를 따르는 제자요 증인으로서의 삶을 살게 된다. 뿐만 아니라, 이 표적은 오로지 단 한 분, 예수님만이 인간이 직면하게 되는 모든 위기와 결핍을 완전하게 해결하실 수 있는 하나님의 아들이심을 확증한다. 따라서 이 표적은, 인간은 하나님의 아들이신 예수님을 만나야만 참 생명을 얻게 되며, 그것을 통해 새로운 시대[**하나님 나라**]를 경험할 수 있게 된다는 것을 알리는 첫 번째 사건이요 모든 표적의 핵심이라 할 수 있다.

위에 언급한바, 요한복음 2:1-11에 나타나는 '물 이미지'는 예수님을 만나 위기를 모면하게 하고, 모든 결핍을 완전하고 풍성하게 충족시키는 매개물로 기능한다는 점에서 매우 중요하다. 그런데 간과하지 말아야 할 것은 여기(요한복음 2:1-11) 나타나는 이 '물 이미지'(Image of Water)가 7:37-39에 나타나는 그것과 밀접하게 연결된다는 점이다.

---

54) 이복우, "요한복음에 나타난 '물'(ὕδωρ)의 신학적 기능과 의미", 미간행 신학석사 학위논문 (수원: 합동신학대학원대학교, 2003), 37; 이복우, "요한복음에 나타난 물 (ὕδωρ)의 신학적 의미와 기능 (1)", ≪신학정론≫ 제32권 1호 (수원: 합동신학대학원대학교 출판부, 2014), 88-95.

2) 본문의 '물 이미지'가 지닌 신학적 의미와 사상

요한복음 2:1-11의 '물 이미지'(Image of Water)는 그 속성이 맹물인바, 예수님이 그 잔칫집에 계신 상태에서 연회에 사용할 포도주가 동이 났음을 아신 예수님을 만나 맛이 깊은, 좋은 포도주로 변하게 된 '물'이다. 이 '물'이 정결의식을 위해 준비되어 있던 여섯 개의 돌항아리를 가득 채운 '물'과 연결되어 있다는 점은 주목해야 한다. 즉, 본문에서 '물'(ΰδωρ)은 7절에서 한 번, 9절에서 두 번 나타나는데, 이때 등장하는 '물'은 공히 유대 정결의식에 사용되는 물동이(항아리)와 긴밀하게 연결되어 있거니와, 이 물동이(항아리)는 유대인의 정결의식을 위해 늘 준비되어 있는 것이라는 점이다.

그럼에도 그 물동이(항아리)가 비어 있었다는 것은, 예수님이 오셨을 당시의 세상이 생명에서 떠나있었다는 것과 그로 인한 공허함을 보여주는 것이라 할 수 있다. 그런데 그 빈 물동이(항아리)가 맛좋은 포도주로 가득 차게 된 것은, 예수님을 만남으로 인하여 새로운 시대, 즉, 풍요로운 생명의 시대가 도래했음을 암시한다. 본문의 구조로 볼 때 여기 나타나는 '물'은 예수님에 의해, 예수님을 위해 사용된 매개물이다. 그것은 예수님에 대한 제자들의 믿음을 강화시키기 위해 예수님에 의해 포도주로 변하였다.

그런데 앞서 거론한바, '물'은 생명의 근원이다. 또한 삼위일체 하나님은 세상의 근원이자 생명의 원천이시다. 이는 오실 예수님을 주인공으로 한 구약성경 내용과 오신 예수님과 다시 오실 예수님을 주인공으로 한 신약성경 내용의 '연속성'과 '불연속성'을 나타낸다고 볼 수 있다. 여기서 '연속성'과 '불연속성'이란 하나님의 아들이시자 메시야인 예수 그리스도의 존재하심에 관한 '연속성'이자 과거 율법과 '죄와 사망의 법'에 얽매여 살던 인간의 삶이 하나님의 아들 예수 그리스도를 만나고, 알고, 믿음으로 말미암아 '생명과 성령의 법'을 좇아 새롭게 누리게 되는 충만한 은혜의 삶에 대한 '불연속성'이라 아니할 수 없다. 따라서 이 본문에 나타나는 '물 이미지'는 상당히 본질적이며 독특한 의미를 내포한다. 그것은 이 '물 이미지'가 참하나님이시면서 참인간으로 오신 하나님의 아들, 예수 그리스도를 드러내는 '기독론'을 담고 있기 때문이다.

2. 믿는 자의 배에서 흘러나오는 '물 이미지'(7:37-39)

1) 본문의 구조 분석과 주해

요한복음 7장에는 메시야에 관한 논쟁이 기록되어 있다. 이는 이스라엘 백성의 절기인 초막절에 유대인들의 전통 메시야 사상에 대항하여 예수님이 어떤 메시야인지를 드러내는 사건이다. 그런데 이 사건은 7:14-24에 나타난 예수님의 가르침에 근거하고 있다. 여기서 예수님의 가르침이란 명절기간의 중간 즈음에 성전에 올라가신 예수님께서 성전에서 선포하신 말씀을 가리키는데, 그 말씀은 그 말씀

자체로서, 그 때 거기 있던 사람들에게 매우 독특한 권위를 나타냈으며 그동안 그들이 보아왔던 그 어떠한 것과도 비교할 수 없는 인상을 주었다.

이로 인해, 예수님의 가르침을 들은 유대인들이 예수님이 세상 학문을 배운 적이 없다는 점을 들어 그 가르치는 바를 의아해하고 있었다. 그때 유대 종교지도자들 사이에서는 예수님의 그 가르침의 근거를 의심하거나 혹은 믿거나 하는 상황이 벌어진 것이다. 그런데 예수님의 그 가르침은 자신과 자신이 가르치고 행하는 능력이 인간의 전통에 근거한 것이 아니라, 하나님께로부터 온 것이라는 말씀으로 그들의 이해를 도우려고 하셨다. 그러나 예수님께서 가르치는 내용은 신적 기원을 지니고 있었으므로, 세상 사람들이 쉽게 이해할 수가 없었다.

7:25-31에 보면, 예수님의 이 가르침을 들은 자들 중 어떤 사람들이 "이 사람이 그리스도인가" 하고 묻는 장면이 나온다. 이때 그들 중 또 다른 어떤 사람이 "그는 그들이 죽이고자 하는 그 사람"이라고 대답한다. 예수님이 누구신가 하는 논쟁은 바로 여기서부터 극단으로 치닫는다. 앞의 이러한 정황을 토대로 '물 이미지'(Image of Water)가 나오는 본문이 등장한다. 7:37-39에 나타나는 이 '물 이미지'는 예수님을 믿는 자들의 배에서 흘러나오는 액체로서의 '물'이다. '물'은 흐르고 스며들며 번지는 속성을 지니고 있다. 그런데 예수

님께서는 이 '물'이 곧 '생명의 강'인 자신이라고 선포하신다.

요컨대, 이 본문은 "명절 끝날"에 행하신 예수님의 선포이며, 그 내용은 "누구든지 목마르거든 내게로 와서 마시라"는 말씀이다. 이 때 예수님께서는, 예수님을 믿는 자는 성경에 기록된 대로 그 배에서 "생수의 강"(ποταμοὶ ὕδατος ζῶντος)이 흘러나온다고 하셨다. 이어서 요한은, 그 "생수의 강"이 곧 믿는 자가 받게 될 '성령'(πνεύματος)을 가리키는 것이라는 설명을 덧붙이고 있다. 이는 유대인들이 기대하며 기다리는 메시야가 어디서 어떻게 임하는지 알 수 없음을 함의한다.

이는 곧 앞서 거론한 가나의 혼인잔치(2:1-11)에서 연회장과 거기 있던 하객들에게 제공되었던 포도주와 같은 기원을 뜻하고 있다는 점에서 주목할 만한 가치가 있다. 왜냐하면, 메시야는 물이 변하여 된 포도주와 같이 그 난 곳과 사연을 알 수 없다는 의미를 내포하고 있기 때문이다.

과거, 메시야를 기대하며 기다리던 유대인들은 출애굽하는 도중 초막을 짓고 살았다. 그들은 가나안에 도착하기 전까지 초막에 기거하면서 하나님을 예배하는 생활을 했는데, 초막절은 그렇게 자신들을 구원해주신 하나님을 기억하며 기념하는 기간이었다. 그리고 그 기간 마지막 날 전야에는 실로암 연못에서 물을 길어다가 성전 제단에 붓는 의식을 행하는 게 관습이었다.[55] 그런데 본문은 구원자 메시야를 기억하며 기대하는 그 의식을 행하는 순간에, 바로 그 메시야 곧 자기들에게 임한 메시야이신 예수님을 만나게 된 것이다. 그리고 본문에 나타나는 예수님의 선언을 듣게 된 것이다.

중요한 것은 여기 나타나는 '물 이미지'(Image of Water) 곧 '생수' 가 고여서 썩고 있는 '죽은 물' 또는 '죽어가는 물'이 아니라 '산 물' 또 는 '살아있는 물'이라는 점이다. 바꾸어 말하면 이 '물 이미지'는 '흐 르는 물'을 의미한다. 존 칼빈(John Calvin)[56]과 레온 모리스(Leon Morris)[57]는 이 '물 이미지'를 '성령'으로 보는 관점을 취하고 있다. 또한 쾨스터(C. R. Koester)[58]는 여기 등장하는 '물 이미지'가 정결의 식에 사용된 물이라고 파악하고 있다. 그런가 하면, 웹스터(J. S. Webster)[59]는 이 '물 이미지'가 예수님을 만남으로 말미암는 새로운 시대의 도래 곧 생명[영생][60]을 함의한다고 보았다.

그런데, 구약성경의 예레미야 2:13과 7:13 그리고 스가랴 14:8 기 록을 고려하면, 이 '생수'는 하나님의 선물이며[61] 그 근원은 하나님

55) 김세윤, 앞의 책, 132-133.

56) John Calvin, 『요한복음 Ⅰ』, 존칼빈성경주석출판위원회 역편 (서울: 성서교재간행 사, 1990), 134.

57) Leon Morris, 『요한복음 상』, 이상훈 역 (서울: 생명의말씀사, 1990), 321.

58) Craig R. Koester, op. cit., 181.

59) J. S. Webster, *Ingesting Jesus : Eating and Drinking in the Gospel of John* (Atlanta: SBL, 2003), 73.

60) 이는 일찍이 이복우가 논한바, 요 4:10에 나타난 '물 이미지'("생수")와 본문 (7:37-39)에 등장하는 '물 이미지'("생수의 강")의 차이이다(이복우, "요한복음에 나 타난 '물'(ὕδωρ)의 신학적 기능과 의미", 미간행 신학석사학위논문 (수원: 합동신 학대학원대학교, 2003), 51 참조.).

이시다. 뿐만 아니라 요한복음 7:37-39에 나타나는 '물 이미지'는 에스겔 47:1과 이사야 12:3, 그리고 요엘 2장을 통해 이미 기록된바,[62] 목마른 자들이 마실 '생명의 물'이요, 그 '물'의 근원이자 공급자가 예수님 자신이라는 선포나 진배없다. 그럼에도, 그 때 그 자리에 있던 유대인들 중 많은 사람은 자신들이 그렇게 고대하던 메시야를 알아보지 못했다. 뿐만 아니라 그 말을 들으려고도 하지 않는 사람들이 있었다.

하나님의 때가 되면, 제단에 물이 부어지듯이 '성령'이 부어지고, "믿는 자"들이 그 '성령'으로 말미암아 생명을 얻게 될 것이며, 그 생명으로 인하여 그들 안에도 생명수를 지니게 되고, 종국에는 그것이 흘러넘치게 될 것이라는 말씀을 알아듣지 못한 것이다. 즉, 세상에서 '죄와 사망의 법' 아래 있는 자들이 '생명과 성령의 법' 아래로 옮겨지는, 생명을 경험하는 새 시대가 도래할 것이라는 말씀을 그들은 이해하지 못했다. 또한, 그 말씀을 그대로 받지도 믿지도 못하는 사람들이 많았다. 그러나 그 말씀을 믿는 사람이 하나도 없었던 것은 아니었다.[63]

이로 인해 그 때 그 자리에 있던 사람들은 두 부류로 갈라졌으며

---

61) R. E. Brown, *Gospel Accorking to John, No. I* (New York: Doubleday, 1966-1970), 179.

62) "… 누구든지 목마르거든 내게로 와서 마시라 나를 믿는 자는 성경에 이름과 같이 그 배에서 생수의 강이 흘러나오리라 하시니 이는 그를 믿는 자들이 받을 성령을 가리켜 말씀하신 것이라"

63) Colin G. Kruse, op. cit., 283-287.

유대인들과 예수님 및 예수님을 따르는 자들과의 갈등은 고조되었다. 하나님의 아들 예수 그리스도의 말씀을 믿은 사람과 믿지 않은 사람이 그것이다. 이러한 결과는 8장의 사건으로 직결된다. 그리고 이 모든 것을 뒷받침하는 표적으로, 예수님께서 소경의 눈을 뜨게 하신 사건이 9장에 등장한다. 그런데 여기서 주목할 것은 이 모든 갈등의 요인과 표적의 암시가, 7:37-39에 등장하는 '물 이미지'에서 비롯된다는 점이다.

7:37 Ἐν δὲ τῇ ἐσχάτῃ ἡμέρᾳ τῇ μεγάλῃ τῆς ἑορτῆς εἱστήκει ὁ Ἰησοῦς καὶ ἔκραξεν λέγων· ἐάν τις διψᾷ, ἐρχέσθω πρός με καὶ πινέτω·
명절 끝날 곧 큰 날에 예수께서 서서 외쳐 이르시되 누구든지 **목마르거든 내게로 와서 마시라**

7:38 ὁ πιστεύων εἰς ἐμέ, καθὼς εἶπεν ἡ γραφή, ποταμοὶ ἐκ τῆς κοιλίας αὐτοῦ ῥεύσουσιν ὕδατος ζῶντος.
나를 믿는 자는 성경에 이름과 같이 그 배에서 <u>생수의 강</u>이 흘러나오리라 하시니

7:39 τοῦτο δὲ εἶπεν περὶ τοῦ πνεύματος οὗ ἔμελλον λαμβάνειν οἱ πιστεύσαντες εἰς αὐτόν· οὔπω γὰρ ἦν πνεῦμα, ὅτι Ἰησοῦς οὐδέπω ἐδοξάσθη.
이는 그를 믿는 자들이 받을 **성령**을 가리켜 말씀하신 것이라 (예수께서 아직 영광을 받지 않으셨으므로 **성령**이 아직 그들

에게 계시지 아니하시더라)

7:37-39을 면밀히 살펴보면, 본문에 명시적으로 사용된 어휘로서의 '물 이미지'(Image of Water)는 38절에 "생수의 강"(ποταμοὶ ὕδατος ζῶντος)이라고 1회 사용되었지만, 내포로서의 그것은 37절에 "목마르거든"(διψᾷ), "마시라"(πινέτω), 이렇게 2회, 그리고 38절에 "흘러나오리라"(ῥεύσουσιν)라는 표현으로 그 사용이 1회 추가된다. 뿐만 아니라, 39절에 "이는"(τοῦτο)과 "성령"(πνεύματος) 등 2회가 사용되고 있어, 37절부터 39절까지 불과 3절에 해당하는 구절 가운데 '물 이미지'의 외연과 내포가 무려 6회나 등장함을 발견할 수 있다.

이 구절은 앞서 거론한바, 초막절 기간[64] 중 마지막 날 곧 "큰 날"[65]에 예수님께서 변론하신 내용으로서 그 대상은 유대인이다. 이

64) Craig S. Keener, "요한복음", 『IVP 성경배경주석』, 정옥배 역 (서울: 한국기독학생회출판부, 2012[2008]), 1531; 유상섭, 앞의 책, 178-179; Colin G. Kruse, op. cit., 267-293; 레 16:35-36; 23:34-36; 신 16:13, 15; 민 29:12-39; 겔 45:25 참조. 초막절 기간은 아직도 쟁점이 되고 있는데, 이 논쟁은 그 기간이 7일이라는 견해(G. R. Beasley-Murray)와 8일이라는 견해(Craig S. Keener, C. K. Barrett)가 양립하고 있는 데 기인한다. 그것은 레위기에는 8일 동안 초막절을 지킨 것으로 되어 있고, 그 첫째 날과 여덟 째 날에 거룩한 성회가 있었으며, 이 두 날에는 안식일과 같이 일상적인 노동이 금지되었다고 기록되어 있는 반면, 신명기에는 7일 동안 초막절을 기념하여 지킨 것으로 기록되어 있기 때문이다. 이로 인해 '초막절' 기간을 7일로 지키는지 8일로 지키는지는 아직도 의견이 분분하여 신학논쟁의 쟁점이 되고 있다.

65) 초막절 마지막 날에는 초막절 행사 가운데 가장 중요한 의식으로 꼽히는, 이른바 '물의 의식'(water ritual)이 행해졌다. 이는 제사장들이 실로암 연못에서 물을 떠다가 항아리에 담아가지고 가서 그 물을 제단 밑에 붓는 의식을 말한다. 본문의 예수님 말씀은 이 물의 의식을 배경삼아 장차 주실 성령에 대한 약속을 암시한다. 당시 물의 의식은 그 의식이 행해진 다음부터 비가 내리길 기원하는 예식이었다(Donald Guthrie, op. cit., 1408-1409; Leon Morris, *The Gospel According to John* (Grand

는 "나(예수님)를 믿는 자"(ὁ πιστεύων εἰς ἐμέ)에게 '생수'(מַיִם חַיִּים)를 주시겠다는 약속인데, 이로 인해 본문의 뒤에 나오는 7:40부터는 예수님을 지지하는 편과 그렇지 않은 편의 논쟁이 벌어지게 된다. 예수님은 초막절 기간의 행사로 성전에 모여 집회하는 곳에서 이 말씀을 선포하신 것으로 보인다. 여기서 잠깐, 필자가 분석한 본문의 구조를 보기로 하자.

a. 7:37 명절 끝날에 예수님께서 목마른 자들은 누구든지 내게로 와서 마시라고 크게 외치심(예수님 자신이 **생수**임을 선포하심).

b. 7:38 자신을 믿는 자는 누구든지 성경에 기록된 대로 그 배에서부터 **생수의 강**이 흘러넘치게 될 것을 약속하심.

c. 7:39a 이는(생수는) 믿는 자 곧 성도가 받을 **성령**을 가리킴.

d. 7:39b (이때는 예수님께서 구속사역을 다 이루시기 전이며, 그로 인해 **성령**의 임재와 내주하심이 이루어지기 전임을 설명하심.)

본문에 등장하는 분사구 ὁ πιστεύων εἰς ἐμέ(나를 믿는 자)는 학자에 따라 다른데, 그것은 37절과 연결시켜 해석해야 한다고 주장하는 견해[66]와 38절과 연결시켜 해석해야 한다고 주장하는 견해[67]로

Rapids: Eerdmans, 1989), 420; 유상섭, 앞의 책, 179 참조.).

66) 본문의 '배'가 '예수님의 배'라고 보는 학자로는 Justim, Gospel of Thomas, Hippolytus, Tertullian, Cyprian, Ireaneus, Aphrates, Ephraem, Boismard, Braun, Bultmann, Dodd, Hoskyns, Jeremias, Macgregor, Mollat, Stanley, Brown, Bauer,

나누어진다. 그러나 필자는 그 문맥(文脈, context)에 따라 전자도 후자도 따를 수 없다. 왜냐하면 성경에 "생수의 강"(ποταμοὶ ὕδατος ζῶντος)에 대한 기록은, 구약성경에 두 번[68] 신약성경에 한 번[69] 나타나고 있는데, 이 두 내용은 유비적(類比的)으로 작용하거니와, 구약성경의 기록은 예수님 자신을 가리키고 신약성경의 기록은 성도를 의미하고 있기 때문이다.

즉, "내가 호렙 산에 있는 그 반석 위 거기서 네 앞에 서리니 너는 그 반석을 치라 그것에서 물이 나오리니 백성이 마시리라 모세가 이스라엘 장로들의 목전에서 그대로 행하니라"는 출애굽기 17:6과 "모세와 아론이 회중을 그 반석 앞에 모으고 모세가 그들에게 이르되 반역한 너희여 들으라 우리가 너희를 위하여 이 반석에서 물을 내랴 하고" 라는 민수기 20:10을 보면, 여기 등장하는 반석은 예수

Schnackenburg, Kilpatrick 등을 들 수 있으며, 서방교회 교부들 대부분이 이 견해를 피력한바 있다, Craig S. Keener 역시 『IVP 성경배경주석』의 "요한복음" 7:38 주석을 통해 이 '물'이 예수님의 '배'에서부터 흐르는 물이라고 규정짓고 있다. 그러나 문맥을 고려할 때, 이 '물'은 예수님을 통해 공급받은 '물'을 의미하기도 하며, 그 '물'을 공급받은 자로부터 주변인에게로 흘러넘치고야 마는 '물'을 의미하기도 함을 알 수 있다(Craig S. Keener, op. cit., 1531; G. R. Beasley-murray, "요한복음", 『WBC 성경주석』, 이덕신 옮김 (서울: 솔로몬, 2001), 295; 박수암, 『요한복음』 (서울: 기독교서회, 2002), 212 참조.).

67) 본문의 '배'가 '믿는 자의 배'라고 해석하는 학자로는 Barrett, Behm, Bernard, Lightfoot, Michaelis, Rengstorf, Schlatter, Schweizer, Zahn, Lindars, Haenchen, Origen 등을 들 수 있으며, 대부분의 동방교부들이 이 견해를 주장해왔다(박수암, 앞의 책, 212; G. R. Beasley-murray, op. cit., 295.).

68) 출 17:6; 민 20:10.

69) 고전 10:4.

그리스도를 상징하는데, 이를 기준으로 본문을 보면 "나를 믿는 자"(ὁ πιστεύων εἰς ἐμε)가 37절과 연결되는 듯 보인다.[70] 이는 이 두 구절이 문맥(文脈, context)상 반석이신 예수님을 통해 공급받는 '물'을 나타내기 때문이다.

그런데, "다 같은 신령한 음료를 마셨으니 이는 그들을 따르는 신령한 반석으로부터 마셨으매 그 반석은 곧 그리스도시라"고 기록된 고린도전서 10:4과 "그러므로 너희가 기쁨으로 구원의 우물들에서 물을 길으리로다"라고 예언된 이사야 12:3을 고려할 때, 본문의 분사구 ὁ πιστεύων εἰς ἐμε는 37절과 연결되는 데서 끝나는 것이 아니라 38절과 다시 연결됨을 알 수 있다. 왜냐하면, 본문의 "생수"(מַיִם חַיִּים)는 앞의 "강"(ποταμοί)과 연결되면서 유동적인 이미지로 작용하며, 어떤 한 곳에서 다른 곳으로 흐르는 강'물'을 내포하고 있기 때문이다.

앞서 언급한 이사야 12:3의 '물 이미지'(Image of Water)는 다시 에스겔 47:1-11에 나타나는 '물 이미지'와 스가랴 14:8에 등장하는 '물 이미지'와 유기적으로 작용한다. 이로 인하여 본문인 요한복음 7:38의 "성경에 기록된 대로"는 이 구절들을 암시한다고 볼 수도 있다. 즉, 예수님을 "믿는 자"들에게는 예수님께서 4:10-14에 이미 말씀하신바, "믿는 자"의 영적 갈증을 해소하는 '생수'를 주신다. 뿐만 아니

---

70) 본고의 각주 66) 참조.

라, "믿는 자"가 공급받는 그 살아있는 '물'[生水]은 그것을 받은 자 안에서 그를 영생하게끔 끊임없이 솟아나는 샘물이요, 밖으로 흘러 넘치며 확산되는 특성이 있다.

일찍이 터너(M. M. B. Turner)는 이렇게 흐르고 솟아나는 '물'[生水], 즉 예수님이 공급하시는 '물'이 세 가지 종류의 복합적인 상징이라 정리한바 있다. 하나님의 종말론적 구원의 상징으로서의 '물'[71], 거룩한 지혜를 나타내는 상징으로 원기를 회복시키고 생명을 주는 '물'(잠 13:14), 성령의 은사를 나타내는 상징으로서의 '물'(사 44:3)이 그것이다.[72]

따라서 이 본문은, 예수님의 초청에 응한 자들이 생명의 근원이신 예수님께로 와서 목마름 또는 영적 갈증[73]을 해결함과 동시에 그분으로부터 공급되는 "생수의 강"(ποταμοὶ ὕδατος ζῶντος, 요 7:37-39)을 받게 되며, 그것은 다시 그 속성이 내포하는 바와 같이 믿는 자의 **배[창자, 마음]**에서부터 흘러넘쳐 주변에 영향을 미치게 될 것을 시사한다.[74]

중요한 것은, 실제로 인간의 '배' 즉 창자나 마음은 언제나 만족할

---

71) 사 43:19; 44:2-3; 55:1; 슥 14:8; 겔 47:1-12.

72) G. M. Gruge, op. cit., 311-312; M. M. B. Turner, op. cit., 590-593; Arthur W. Pink, 『요한복음강해』, 지상우 옮김 (고양: 크리스챤다이제스트, 2011), 412-418 참조.

73) 삼하 17:9; 사 55:1; 시 107:5 참조.

74) "너는 물댄 동산 같겠고 물이 끊어지지 아니하는 샘 같을 것이라"(사 12:3), "너희가 기쁨으로 구원의 우물들에게 물을 길으리로다"(사 58:11) 참조.

만한 상태에 있을 수는 없는 신체 부위라는 점이다. 그래서 그것은 늘 어떤 것을 공급해줘야 하며, 그래야만 어떤 결핍으로 인한 욕구를 해소하여 만족하게 될 수 있다. 그런데 본문의 '배'는 언제나 "생수"('생명수')로 충만하게 채워져 있는 상태이다. 여기서 '충만'이란 어떤 액체가 용기에 담겨 넘칠 듯 말 듯 찰랑거리는 그 상태를 의미하는 것이 아니라, 가득 차서 넘치는 상태를 가리키는 단어이다. 따라서 그 '배'의 결핍을 해결하고, 충만한 만족을 경험하게 해주는 그 '물'(생수)은 고여 있지 않고 밖으로 흘러넘치는 상태에 이르게 되고야 마는 것이다.

즉, 요한복음 7:37-39에 나타나는 '물 이미지' 곧 "생수의 강"(ποταμοὶ ὕδατος ζῶντος)은 스스로의 결핍을 충족시킨 그 상태에서 그치는 것이 아니라, 타인을 향하여 흘러가고야 마는 속성을 내포하고 있다. 그것은 두말 할 나위 없이 예수 그리스도로 말미암는다. 이는 오직 예수 그리스도 안에서 그분('생명수')을 받아 충만히 누릴 때 이루어지는 상태이자 현상이기 때문이다. 예수 그리스도께서 "믿는 자"의 참 생명이시자 참 '생수'(מַיִם חַיִּים)의 근원(렘 2:13)이요 제공자이시며, 성령을 부어주실 분이시며, 이를 근거로 하여 성도에게 성령을 주시기로 약속하신 분 또한 예수님이시기 때문이다.

이로써 "성경에 이름과 같이"(καθὼς εἶπεν ἡ γραφή)라는 말씀은, 위에 거론한바 구약성경 특히 출애굽기, 민수기, 고린도전서의 내용을 가리키고 있음을 알 수 있다.[75] 이는 요한복음이 가장 나중에 기록된 성경이라는 점을 고려할 때 더 쉽고 분명하게 이해할 수 있다. 그런데 본문에서 "성경"(ἡ γραφή)이라는 단어를 정관사와 함께 단수로 표기한 것을 고려하면, 여기서의 성경이 가리키는 바는 이 세 본문뿐 아니라 앞서 기록된 성경 전체의 범위 내에서 그에 상응하는 구절을 염두에 두고 하신 말씀으로 이해할 필요가 있다.[76]

구약성경에서 '생수'(מַיִם חַיִּים)는 인간의 갈증을 해결하여 주고 삶을 유지하게 하는 생명의 근원이신 하나님을 가리키고 있다. 특히 에스겔 47:1-12[77]에는 하나님 나라의 성전에서 흘러나오는 '생수의

---

75) 본문의 기록만으로는 여기 표현된 "성경에 이름과 같이"의 "성경"이 구약성경 어디를 지칭하는지 명확히 거론할 수 없다. 왜냐하면 문자적으로 본문과 완전히 일치하는 구약성경의 특정 부분을 본문에 명시해 놓지 않았기 때문이다.

76) 유상섭, 앞의 책, 183; G. R. Beasley-murray, op. cit., 296.

77) "그가 나를 데리고 성전 문에 이르시니 성전의 앞면이 동쪽을 향하였는데 그 문지방 밑에서 물이 나와 동쪽으로 흐르다가 성전 오른쪽 제단 남쪽으로 흘러 내리더라 그가 또 나를 데리고 북문으로 나가서 바깥 길로 꺾어 동쪽을 향한 바깥 문에 이르시기로 본즉 물이 그 오른쪽에서 스며 나오더라 그 사람이 손에 줄을 잡고 동쪽으로 나아가며 천 척을 측량한 후에 내게 그 물을 건너게 하시니 물이 발목에 오르더니 다시 천 척을 측량하고 내게 물을 건너게 하시니 물이 무릎에 오르고 다시 천 척을 측량하고 내게 물을 건너게 하시니 물이 허리에 오르고 다시 천 척을 측량하시니 물이 내가 건너지 못할 강이 된지라 그 물이 가득하여 헤엄칠 만한 물이요 사람이 능히 건너지 못할 강이더라 그가 내게 이르시되 인자야 네가 이것을 보았느냐 하시고 나를 인도하여 강 가로 돌아가게 하시기로 내가 돌아가니 강 좌우편에 나무가 심히 많더라 그가 내게 이르시되 이 물이 동쪽으로 향하여 흘러 아라바로 내려가서 바다에 이르리니 이 흘러 내리는 물로 그 바다의 물이 되살아나리라 이 강물이 이르는 곳마다 번성하는 모든 생물이 살고 또 고기가 심히 많으리니 이 물이 흘러 들어가므로 바닷물이 되살아나겠고 이 강이 이르는 각처에 모든 것이 살 것이며 또 이 강 가에 어부가 설 것이니 엔게디에서부터 에네글라임까지 그물 치는 곳이 될 것이라 그 고기가 각기 종류를 따라 큰 바다의 고기 같이 심히 많으려니와 그 진

강'에 대해 기록되어 있고, 스가랴 14:8[78])에는 예루살렘에서 솟아나 사방으로 흘러가며 어떤 상황에도 그치지 않을 생명의 '물'에 관해 기록되어 있으며, 앞에 언급한 출애굽기 17:1-6[79])과 함께 초막절 기간 중 집회에서 읽혀졌던 성경말씀인 시편 78:15-16[80])과 105:40-41[81])의 말씀은, 사막에서부터 '물'이 나오고 그 '물'이 예수님으로 말미암는다는 사실을 명확히 드러내고 있음을 볼 수 있다.[82])

또한 이 '물'은 광야생활 중 모세를 통하여 제공한 생명의 떡 즉 하나님의 만나와 같이 메시야가 공급할 생명의 '물'이라는 점, 즉, 이 '물'은 예수님이자 '생명수'라는 점에서 결코 간과할 수 없는 의미를 지니며, "여호와의 성전에서 샘이 흘러 나와서 싯딤 골짜기에 대리라"고 말씀하신 요엘 3:18과도 그 맥이 통한다.[83]) 아울러 본문의 "생수의 강"(ποταμοὶ ὕδατος ζῶντος)은, 구속사를 완성하신 예수님께

펄과 개펄은 되살아나지 못하고 소금 땅이 될 것이며 강 좌우 가에는 각종 먹을 과실나무가 자라서 그 잎이 시들지 아니하며 열매가 끊이지 아니하고 달마다 새 열매를 맺으리니 그 물이 성소를 통하여 나옴이라 그 열매는 먹을 만하고 그 잎사귀는 약 재료가 되리라"

78) "그 날에 생수가 예루살렘에서 솟아나서 절반은 동해로, 절반은 서해로 흐를 것이라 여름에도 겨울에도 그러하리라"

79) "… (전략) … 모세와 아론이 회중을 그 반석 앞에 모으고 모세가 그들에게 이르되 반역한 너희여 들으라 우리가 너희를 위하여 이 반석에서 물을 내랴 하고"

80) "광야에서 반석을 쪼개시고 매우 깊은 곳에서 나오는 물처럼 흡족하게 마시게 하셨으며 또 바위에서 시내를 내사 물이 강 같이 흐르게 하셨으나"

81) "그들이 구한즉 메추라기를 가져 오시고 또 하늘의 양식으로 그들을 만족하게 하셨도다 반석을 여신즉 물이 흘러나와 마른 땅에 강 같이 흘렀으니"

82) G. M. Gruge, op. cit., 311-312; M. M. B. Turner, op. cit., 590-593.

83) Colin G. Kruse, op. cit., 283-287.

서 성전의 기능을 완전하게 대체하고 계심을 나타내는 요한계시록 21:22-23[84]과 22:1-2[85]과도 연결된다는 점에서 매우 중요하며, 주목할 만한 가치를 지니고 있다.

요한계시록의 이 구절들은 생명이신 예수 그리스도 곧 하나님의 아들을 드러내는 구절이다. 그리고, 여기서 주목할 것은 '생명수의 강' 좌우에 있는 '생명나무'[86]이다. 왜냐하면 이 '생명나무'는 창세기 2장에 나오는 에덴동산의 두 나무[87] 즉 '선악을 알게 하는 나무'와 함께 있는 '생명나무'와 상호텍스트성(mutual text, intertextuality)을 이루며 유비적(類比的)으로 작용하는데, 이러한 유비(類比)는 성경의 시작에서 끝까지가 모두 예수님의 이야기라는 점, 그리고 그 시작과 끝 또한 하나님의 말씀이자 하나님의 영이신 예수님이라는 점을 분명히 하고 있기 때문이다.

즉, 요한복음 7:37-39에 나타나는 '물 이미지' 곧 "생수의 강"($\pi o \tau \alpha \mu o i$ $\H{u} \delta \alpha \tau o s$ $\zeta \hat{\omega} \nu \tau o s$)은 신약성경의 토대로 작용하는 구약성경의 천지창조(天地創造)를 기억하게 한다. 그리고 그때부터 성경의 맥을 따라

---

84) "성 안에서 내가 성전을 보지 못하였으니 이는 주 하나님 곧 전능하신 이와 및 어린 양이 그 성전이심이라 그 성은 해나 달의 비침이 쓸 데 없으니 이는 하나님의 영광이 비치고 어린양이 그 등불이 되심이라"

85) "또 그가 수정 같이 맑은 생명수의 강을 내게 보이니 하나님과 및 어린 양의 보좌로부터 나와서 길 가운데로 흐르더라 강 좌우에 생명나무가 있어 열두 가지 열매를 맺되 달마다 그 열매를 맺고 그 나무 잎사귀들은 만국을 치료하기 위하여 있더라"

86) 계 22:2.

87) 창 2:9.

흐르고 있는 '물 이미지'를 통하여, 태초에 하나님께서 완전하고 아름답게 창조하신 세상 즉 '창조 모티프'(creation motif)에서부터, 첫 사람 아담의 죄로 말미암아 완전히 타락하고 부패하여 더 이상 희망이 없이 '죄와 사망의 법'[88] 아래 살게 된 인간들을 찾아오신 하나님 아들 예수 그리스도를 암시한다.

이러한 '물 이미지'는 요한복음 4:7-26에 등장하는바, 사마리아 여인을 만난 우물가의 대화에서 암시하신 '생수 이미지'[89]를 연상하게 한다. 그리고 그 예수 그리스도의 고난 받으심과 죽으심과 부활하심으로 말미암아 인생세간(人生世間)에 임할 '새로운 시대'('생명과 성령의 법' 아래서의 삶)[90]와, 세상 끝날 예수 그리스도가 다시 오실 때 그 피조물(被造物)들이 경험할 완전한 회복과 새로운 세상까지, 곧 '재창조 모티프'(recreation motif)까지를 보여주고 있다.

이는 에스겔 36:25-27[91]을 통하여 보다 쉽게 이해할 수 있다. 에스겔 36:25에 등장하는 '물 이미지'는 "맑은 물"(מַיִם טְהוֹרִים)이다. 이 "맑은 물"(מַיִם טְהוֹרִים)은 하나님께서 "나를 믿는 자"에게 뿌려주시겠

---

88) 롬 8:1-17.

89) 요 4:7-26 참조.

90) 롬 8:26-39.

91) "맑은 물을 너희에게 뿌려서 너희로 정결하게 하되 곧 너희 모든 더러운 것에서와 모든 우상 숭배에서 너희를 정결하게 할 것이며 또 새 영을 너희 속에 두고 새 마음을 너희에게 주되 너희 육신에서 굳은 마음을 제거하고 부드러운 마음을 줄 것이며 또 내 영을 너희 속에 두어 너희로 내 율례를 행하게 하리니 너희가 내 규례를 지켜 행할지라"

다고 약속하신 '물'이요, 이 약속에 근거하여 모든 죄와 우상 숭배의 흔적을 씻어 없애주신다고 말씀하신 그 '물'이다. 문맥상 이 "맑은 물"(מַיִם טְהוֹרִים)은 36:26의 "새 영"(וְרוּחַ חֲדָשָׁה)과 연결되는 양상을 보인다.

그런데 그 "새 영"(וְרוּחַ חֲדָשָׁה)은 새로운 마음을 창출해내는 능력의 근원이요, "믿는 자"에게서 완악하고 강퍅한 마음을 제거하고 부드러운 마음을 만들어내는 힘의 원천이다. 뿐만 아니라, 그 '물'에 연유한 "새 영"(וְרוּחַ חֲדָשָׁה) 곧 '하나님의 영'은 "믿는 자" 안에 거주하며, 그 "믿는 자"로 하여금 하나님의 율례를 지켜 행하게 하는 원동력이다. 이것이 바로 '성령'(παράκλητος, רוּחַ)이다.

요한복음 7:37-39에 나타나는 '물 이미지'(Image of Water)가 함의한바, "맑은 물"(מַיִם טְהוֹרִים)에 의해서 정결하게 되어 새로운 '영'과 '마음'을 받아 죄와 우상 숭배로부터 벗어나고, 강퍅하고 완악한 마음이 제거되어 마음과 생각 그리고 믿음이 어린아이처럼 부드럽고 새롭게 변화되어 하나님의 말씀을 지켜 행하게끔 되는 것이요, 그것은 요한복음 3:5에 나타난 '물 이미지'와 유비(類比)하는바, 사람이 '하나님 나라에 들어가게 되는 조건, 즉, '물'과 '성령'으로 다시 나는 것을 가리킨다. 이것은 바로 '회복' 곧 '재창조'(recreation)를 의미한다.

'회복' 곧 '재창조'의 원천이 되는 이 '물 이미지'는 '물'의 역동성과 효과를 내포하고 있다. 그런데 이러한 '물'의 역동성과 효과는, 요엘

2:21-27[92])에서도 발견할 수 있다. 여기서 '물 이미지'는 마른 땅을 소성시켜 풍족한 삶을 누리도록 해주시겠다는 하나님의 언약과 밀접한 관련이 있다. 그것은 이른바 '이른 비'와 '늦은 비'에 대한 약속이자 "믿는 자"(ὁ πιστεύων εἰς ἐμέ)들의 삶의 터전인 땅의 회복이고 그로 말미암는 생활(삶)의 회복이나 다름이 없다. 이를 통해 예수님은 인간의 내면적 욕구[93])를 만족시켜주는 분이심을 암시하신 것이다.

그런데 이 언약의 말씀은 곧바로 요엘 2:28-32의 '하나님의 영'에 대한 말씀으로 연결된다. 그 '영'은 "만민" 곧 "모든 육체"(ESV, all flesh)[94])에 부어주시겠다고 선언하신 '영', 즉, "누구든지 여호와의 이

---

92) "땅이여 두려워하지 말고 기뻐하며 즐거워할지어다 여호와께서 큰 일을 행하셨음이로다 들짐승들아 두려워하지 말지어다 들의 풀이 싹이 나며 나무가 열매를 맺으며 무화과나무와 포도나무가 다 힘을 내는도다 시온의 자녀들아 너희는 너희 하나님 여호와로 말미암아 기뻐하며 즐거워할지어다 그가 너희를 위하여 비를 내리시되 이른 비를 너희에게 적당하게 주시리니 이른 비와 늦은 비가 예전과 같을 것이라 마당에는 밀이 가득하고 독에는 새 포도주와 기름이 넘치리로다 내가 전에 너희에게 보낸 큰 군대 곧 메뚜기와 느치와 황충과 팥중이가 먹은 햇수대로 너희에게 갚아 주리니 너희는 먹되 풍족히 먹고 너희에게 놀라운 일을 행하신 너희 하나님 여호와의 이름을 찬송할 것이라 내 백성이 영원히 수치를 당하지 아니하리로다 그런즉 내가 이스라엘 가운데에 있어 너희 하나님 여호와가 되고 다른 이가 없는 줄을 너희가 알 것이라 내 백성이 영원히 수치를 당하지 아니하리로다"

93) 인간의 내면적 욕구란 먹는 것, 마시는 것, 쉬는 것, 사랑하고 사랑받는 것, 보호받는 것, 평안한 것에 대한 갈증인바, 인간의 힘으로는 영원히 만족시킬 수 없는 것들을 의미한다. 그런데, 예수님은 이 욕구에 대한 갈증 즉 목마름을 깨닫게 하시고, 동시에 죄를 깨닫게 하시며, 하나님을 계시하시고 예수님 스스로를 증언하시되, 자신이 누구시며 인간의 옷을 입고 우리에게 오신 목적과 이유가 무엇인지를 말씀과 성령을 통하여 알게 하신다.

94) 문자적으로는 "모든 육체"를 나타내고 있으나, 요엘 2:28에 등장하는 사람들을 보면 "너희 자녀", "너희 늙은이", "너희 젊은이" 그리고 "남종과 여종"으로 하나님께서 부어주시는 그 '영'을 받을 자들이 명시되어 있어, 여기서의 "모든 육체" 곧 "만

름을 부르는 자"에게 이루어주실 '구원'과 함께 부어질 '영'이요 "크고 두려운 날" 즉 '여호와의 날'에 행해질 심판 가운데 "남은 자"가 되어 하나님의 부름을 받게 될 자들 안에 거주하시며 하나님의 뜻 (언약)을 실현하실 '하나님의 영' 곧 '성령'(παράκλητος, רוח)이다.

이러한 '창조 모티프'(creation motif)와 '재창조 모티프'(recreation motif)는 구약시대와 신약시대, 곧 구약성경과 신약성경의 '연속성'과 '불연속성'을 내포하고 있으며,95) 요한복음의 기록목적을 여실히 드러낸다. 뿐만 아니라 7:37-39에 등장하는 '물 이미지'[מים חיים]는, 이렇게 전후좌우·상하로 그물같이 얽혀있는 연결망을 통하여 전체 성경의 문맥에 유기적으로 작용하면서 신·구약성경 전체를 관통하고 있다. 그리하여, 성경의 일관성과 통일성 및 완전성을 충족시키고, 그것을 통해 하나님의 경륜과 작정하심을 깨닫게 한다.

무엇보다도 중요한 것은, 요한복음 7:37-39에 나타나는 이 '물 이미지'(Image of Water) 곧 "생수의 강"(ποταμοὶ ὕδατος ζῶντος)이 주 예수 그리스도를 "믿는 자"[성도]의 생활과 긴밀하게 연결되어 있다는 점이다. 이는 예수님을 믿는 성도가 예수 그리스도와 신비하

민"은 세상에 사는 모든 사람을 의미하는 것이 아니라 하나님의 말씀을 믿는 자들, 즉, 요엘 2:23에 명시된 '너희'("시온의 자녀들")와 연결되어 있는 자들임을 알 수 있다. 중요한 것은, 여기 이 언약이 이스라엘 민족만을 그 대상으로 삼은 말씀이 아니라 하나님께서 구원하시기로 작정하신 모든 사람, 즉, 이방인들을 포함한 모든 성도를 향하고 있다는 점이다. 이는 하나님 은혜의 보편성에 대한 반영으로, 성경에 기록되어 있는 초대교회 성령강림 사건을 통해 확증된다(행 10:44-47; 롬 8:14; 고전 12:3 등 참조.).

95) 요 2:1-11.

고 놀라운 연합을 이루게 됨으로써 내주하시는 성령의 충만("생수의 강"(ποταμοὶ ὕδατος ζῶντος))을 체험96)하고, 그것으로 말미암아 영생의 기쁨을 누리게 되는바, 그 연합과 기쁨을 통해 획득하게 되는 삶의 지표요 양상으로 드러나게 되기 때문이다.

따라서, 성령 충만한 그리스도인은 언제 어디서든 복음을 전하며 살 수밖에 없다. 바로 이것이 예수님과 연합한 참된 그리스도인이 일상생활을 영위하는 모습이기 때문이다. 이는 본문인 7:37-39에 나타나는 이 '물 이미지' 곧 "생수의 강"(ποταμοὶ ὕδατος ζῶντος)이 고여 있지 않고 흘러넘치는 속성을 지닌바, 예수님을 "믿는 자"의 태도요 행동양식이요, 자신이 받은 소명과 사명을 기쁨으로 감당하면서 살아가는 삶의 자세임을 암시하고 있다는 데 기인한다.97)

그런데 요한복음 7:37-39에 나타나는 이러한 '물 이미지'(Image of Water)의 내포는 다시 요한복음 19:31-39에 등장하는 '물 이미지'와 직결된다.

---

96) 김동수, 『요한신학 렌즈로 본 요한복음』 (서울: 솔로몬, 2006), 119-120.

97) 빌 2:1-18; 4:4-9; Arthur W. Pink, op. cit., 414-416; Andreas J. Köstenberger, 『요한복음 총론』, 김광모 옮김 (고양: 크리스찬출판사, 2005), 156-165 참조. 이러한 내용은 요한복음 7:17에 명시된 예수님의 말씀, 즉, "사람이 하나님의 뜻을 행하려 하면 이 교훈이 하나님께로서 왔는지 내가 스스로 말함인지 알리라" 하신 말씀에 닿아있어 "믿는 자"의 믿음이 '진리'(하나님의 말씀)를 아는 것에서 멈추는 것이 아니라 그것을 행하는 데까지 나아가야 하는 것, 곧 헌신의 중요성과 결부된다. 따라서 여기 "생수의 강"(ποταμοὶ ὕδατος ζῶντος)은 예수님을 믿음으로 말미암아 성령을 받고 그것을 충만히 누리며 사는 성도들의 행동 양상과 긴밀한 관련이 있다.

2) 본문의 '물 이미지'가 지닌 신학적 의미와 사상

요한복음 7:37-39에 나타나는 '물 이미지'(Image of Water) 곧 "생수의 강"(ποταμοὶ ὕδατος ζῶντος)은 저자가 확실히 밝혀놓은바,[98] '성령'이다. 이에 따라 본문의 '성령'은, 예수님의 십자가 죽음 이전에도 여전히 존재하는 삼위 하나님으로서, 예수님이 십자가상에서 죽는 사역을 완성하심으로써 받는 예수님의 영광을 통하여, 그분을 "믿는 자"들에게 주어지게 될 풍성한 성령의 임재와, 내주하시며 역사하시는 성령의 사역을 강조하고 있다고 판단된다.

이는 본문에 기록된 성령의 오심 곧 "생수의 강"(ποταμοὶ ὕδατος ζῶντος)이 흘러넘치게 된다는 말씀이 오순절 이후 교회에 충만히 부어질 풍성한 하나님의 영[**성령**]과 예수님을 "믿는 자"[**성도**]의 마음 속에 영원토록 내주하시는 '성령'을 가리키며, 기능적으로는 성도의 마음에 내주하시며 강력히 역사하시는 예수님의 영으로서 '보혜사'(παράκλητος)적 측면이 강조된 것이라 할 수 있다. 여기서 예수님의 영이란 구약에서 하나님의 영으로 불린 '성령'(רוח)이다.

그리스도의 영으로도 불리는 '성령'이 주어질 시기는 전적으로 예수님의 구원역사의 진행과 긴밀히 연결되어 있으며, 그것은 모든 믿는 자 곧 성도들에게 충만히 부어주실 '성령'을 가리키는데, 본문에서는 그것을 '보혜사'(παράκλητος)라 표현하고 있다. 그런데 이 '보혜

---

98) "이는 그를 믿는 자들이 받을 성령을 가리켜 말씀하신 것이라 예수께서 아직 영광을 받지 않으셨으므로 성령이 아직 그들에게 계시지 아니하니라"

사'(παράκλητος)는 예수님이 영광을 받으셔야만 주어지는 것이거니와 항상 예수님의 죽으심과 부활하심, 그리고 승천하심과 연계된다.

여기서 주목할 것은, '보혜사'(παράκλητος)가 요한의 글에서만 발견할 수 있는 '성령'의 칭호이고, 요한복음 14:16, 14:26, 15:26 그리고 16:8과 16:13에 나타난다는 점이다.

또 한 가지 중요한 것은, '보혜사'(παράκλητος)로 불린 '성령의 기능'이 크게 두 가지로 구분된다는 점이다. 그것은 제자들을 대하는 기능과 세상을 대하는 기능이다. 이때, 전자는 사람들을 위로하고 격려하며 예수님께서 하신 말씀을 기억하고 깨닫게 함으로써 제자들이 사명을 이행하는 것을 돕는 역할이다. 이에 비해 후자는, 사람들을 정죄하고 심판하며, 하나님의 말씀 곧 진리를 수호하고, 예수님께 속한 사람들을 변호하는 법정적 역할이다.[99]

요한복음 14:16에서 '진리의 영'으로 불리는 '성령', 즉 '보혜사'(παράκλητος)는 제자들의 곁에 서서 격려하며 권고하는 기능을 하는 것으로 드러나는데, 여기서 예수님은 "다른 보혜사"를 거론하심으로써 예수님 자신이 또 하나의 보혜사임을 밝히 드러내신다. 또한 14:26에서는 성도를 도와주기 위해 곁에서 그리스도 예수의 말씀 곧 하나님 말씀을 생각나게 하며 깨닫게 하는 존재로 표현되어 있다.

한편, 요한일서 2:1과 로마서 8:34을 보면, 예수님의 중심사역을

---

99) 이재성, 앞의 논문, 132-174.

중보자로 제시하고 있어, 예수님의 사역이 '보혜사'(παράκλητος)로서의 사역임을 보여주고 있다.

변종길은 자신의 글을 통해 오실 '성령'을 네 가지로 제시한바 있다.[100] 첫째로 "생수의 강"(ποταμοὶ ὕδατος ζῶντος)이란 오순절 이후 교회에 주어질 풍성한 성령을 가리키는 것이며, 두 번째로 교회에 주어질 풍성한 성령은 성도의 마음속에 영원히 내주하시는 성령을 의미하고, 세 번째로 그 영은 십자가로 말미암아 영화롭게 된 예수님의 영이거니와, 네 번째로 성령이 주어질 시기는 전적으로 하나님의 작정하심과 구속사에 달려 있으며, 또한 예수님의 구속사역과 긴밀히 연결되어 있다는 점이 그것이다.

요컨대, 요한복음 7:37-39의 '물 이미지'는 2:1-11에서 포도주로 변한 '물' 또는 '물 이미지'가 내포하는바, 하나님의 선물로 임하는 하나님 나라 곧 '새로운 시대'[**하나님 나라**]의 도래를 의미한다. 그리고 그것은 십자가 사역을 완수하심으로써 받은 예수님의 영광으로 말미암는다. 여기서 '새로운 시대'의 도래 곧 '하나님 나라'의 임함은 예수님을 믿음으로 말미암아 얻게(누리게) 되는 생명과 구원을 상징한다.

이로써 본문의 '물 이미지'는 예수님이 보여주신 '표적'(σῆμα)과 예수님의 '정체성'(ἐγώ εἰμι)을 잇는 매개체로 기능한다는 점을 발견하

---

100) Jonggil Byun, *The Holy Spirit Was Not Yet : A Study on the Relationship Between the Coming of the Holy Spirit and the Glorification of Jesus According to John 7:39* (Kampen: Uigteversmaatschappij J. H. Kok, 1992); 유상섭, 앞의 책, 184-185에서 재인용.

게 되거니와, 그것이 성경 전체를 관류하고 있음을 확인할 수 있다.

특히 중요한 것은 요한복음에서 이 '물 이미지'가 언제나 예수님을 증거하는 데 차용되고 있다는 점이다. 또한 7:37-39의 '물 이미지'(Image of Water)는 하나님의 '약속'과 '성취'를 내포하고 있는바, 예수님과의 만남으로 말미암아 내주하시는 성령으로서 새로운 시대 [**하나님 나라**]의 도래를 알리는 역할을 하고, 그 시대를 살아낼 수 있게 하는 새로운 힘의 원천으로 기능하기도 하다. 이로 인해 예수님을 만나서 그분을 "믿는 자"들은 새로운 시대[**하나님 나라**]의 질서 속에서 하나님의 뜻대로 살게 된다.

이 '물 이미지'는 에스겔 47:1-12에 나타나는 '물 이미지'와 상호 연결되어 있으며 유비적(類比的)으로 작용한다. 그리하여 종말론적 윤리관을 갖고 사는 "믿는 자"들 곧 성도들을 향하여, 종국에 종말론적인 약속을 성취하실 분은 예수님 단 한 분이심을 확고히 드러내고 있다.

3. 십자가상의 예수님 몸에서 흘러나오는 '물 이미지'(19:31-37)

1) 본문의 구조 분석과 주해

요한복음 19:31-37에는 십자가에 못박히신 예수님의 몸에서 흘러나오는 '물 이미지'(Image of Water)가 등장한다. 이 구절은 예수님의 십자가 죽음과 그 시신의 처리에 관한 기록이며 구약성경을 통한 선지자들의 계시(출 12:46; 시 34:20; 슥 12:10)와 밀접히 연결되어 있다. 이 내용은 공관복음서에 공히 기록되어 있는바, 그것은 마태복음 27:57에서 27:61까지 다섯 절에 걸쳐, 마가복음의 15:42에서 15:47 까지 여섯 절에 걸쳐, 그리고 누가복음의 23:50에서 23:56까지 일곱 절에 걸쳐 나타나거니와, 이 내용들은 요한복음의 그것(19:28-37)에 비해 비교적 간략한 서술임을 알 수가 있다.

이중 '물 이미지'는 요한복음에만 등장하는데, 19:31-37을 면밀히 살펴보면, 본문의 구조는 아래와 같이 구분할 수 있다.

a. 19:31-34 예수님의 시신을 다리를 꺾지 않고 처리함.

1. 19:31a 안식일 준비일에 예수님께서 돌아가심.
2. 19:31b 유대인들은 안식일 규례를 지키기 위해 예수님의 죽음을 재촉하고, 그 방법으로 예수님의 다리를 꺾은 후 바로 시체를 치워달라고 빌라도에게 요청함.
3. 19:32-33 군병들이 예수님과 함께 처형된 다른 두 사람의 다리는 꺾었으나 예수님은 이미 죽은 것을 보고 다리를 꺾지 않음.
4. 19:34 대신 한 군병이 예수님의 사망을 확인하기 위해 예수님의 옆구리를 창으로 찌르니 <u>피와 물이</u> 나옴.

b. 19:35-37 시신 처리과정에 대한 목격자로서의 증언 및 그에 관한 설명.

1. 19:35a 자신의 기록이 예수님의 시신을 처리하는 과정을 목격한 사람으로서의 증언이며 이 증언이 진심됨을 밝힘.
2. 19:35b 증언하는 목적은 사람들이 이 진실한 증언을 받아(들어서 알아) 예수님의 고난 및 부활과 관련된 일련의 사실을

진실로 믿게 하기 위해서임을 밝힘.

   3. 19:36 예수님의 뼈가 하나도 꺾이지 않게 된 것은 출애굽기
      12:46과 민수기 9:12 그리고 시편 34:20의 성취임을 밝힘.

   4. 19:37 반면 예수님의 옆구리가 찔리게 된 것은 스가랴 12:10
      의 성취임을 밝힘.

   요한복음은 앞서 밝힌바, 예수님의 죽음 및 그 시신 처리에 관하여
19:28부터 매우 많은 분량을 할당하여 기록하고 있다. 이중 중심부
분인 '물 이미지'(Image of Water)에 관한 본문은 19:31-37이며, 여기
에는 공관복음에 기록되어 있지 않는 내용, 즉, 병사들이 예수님의
다리를 꺾지 않았고 창으로 옆구리를 찔렀다는 것,[101] 거기서 '물'과
'피'가 흘러 나왔다는 사실, 그리고 니고데모가 예수님의 장사를 도
왔다는 설명이 서술되어 있다. 비교적 상세한 이 기록은 예수님의 죽
음을 분명히 함으로써 뒤에 나오는 예수님의 부활이 주는 감격을 한
층 강조하기 위한 문학적 장치라고 보인다.

  19:31 Οἱ οὖν Ἰουδαῖοι, ἐπεὶ παρασκευὴ ἦν, ἵνα μὴ μείνῃ
      ἐπὶ τοῦ σταυροῦ τὰ σώματα ἐν τῷ σαββάτῳ, ἦν γὰρ

---

101) 이는 제사장이 나무 막대기를 가지고 유월절 어린양의 입에서 궁둥이까지 찌르던
    유대 전통에 근거한 행위로 보이는데, 당시 십자가형을 당한 사람이 이미 죽었는
    지 아직 죽지 않았는지 증명해 주기를 원하는 참관자들 앞에서 그 죽음을 확인하
    는 과정 가운데 이런 과정이 꼭 있어야 했는지 그 여부를 알 수는 없다. 하지만 주
    검을 대하는 태도로 보아 상당히 무례한 행위였음을 부인할 수는 없다고 사료된
    다(Craig S. Keener, op. cit., 1567 참조.).

μεγάλη ἡ ἡμέρα ἐκείνου τοῦ σαββάτου, ἠρώτησαν τὸν Πιλᾶτον ἵνα κατεαγῶσιν αὐτῶν τὰ σκέλη καὶ ἀρθῶσιν. 이 날은 준비일이라 유대인들은 그 안식일이 큰 날<u>이므로</u> 그 안식일에 시체들을 십자가에 두지 아니하려 하여 빌라도에게 그들의 다리를 꺾어 시체를 치워 달라 하니

한편, 본문은 예수님의 장사가 왜 그리도 신속히 이루어져야만 했는지를 설명하는데,[102] 이는 단락이 나누어지는 31절에 명시된바 하나님의 뜻을 함의하며, 그것은 이유를 나타내는 접속사 ἐπεί에 의해 더욱 확연히 드러난다. 또한 33절에서 '때문에'(ἐπί)는 주절을 이끌면서 병사가 예수님의 다리를 꺾지 않고 옆구리를 찌른 이유가 당시 관습에 연유한 것임을 서술하고 있다.

당시 유대 풍속에 의하면, 처형당한 사람의 시체를 십자가에 달린 채로 밤이 새도록 방치해두는 것은 땅을 더럽히는 처사로 간주되었다. 이러한 전통 사고에 입각하여 유대인들은 예수님 및 그분과 함께 처형된 다른 두 명의 시체를 해가 지기 전에 십자가에서 내려야 했으며, 이에 따라 그 시신들을 십자가에서 내려 처리하기를 서둘러달라고 관원들에게 부탁할 수밖에 없었던 것이다.

유대 풍속에서 비롯된 당시 사람들의 이러한 태도는 유월절 규례를 기록한 구약성경의 출애굽기 12:46-47[103]와 민수기 9:12[104] 및

---

102) 신명기 21:22-23; Colin G. Kruse, op. cit., 551-554; Craig S. Keener, op. cit., 1567; Andreas J. Köstenberger, op. cit., 298-300 참조.

시편 34:20,[105] 그리고 스가랴 12:10[106]과 연결되면서, 이 사건이 구약성경에 기록되어 있는 예언의 성취라는 결과를 밝히 드러내는 데 사용되었다.

> 19:33 ἐπὶ δὲ τὸν Ἰησοῦν ἐλθόντες, ὡς εἶδον ἤδη αὐτὸν τεθνηκότα, οὐ κατέαξαν αὐτοῦ τὰ σκέλη,
> 예수께 이르러서는 이미 죽으신 것을 보고 다리를 꺾지 아니하고

한편, 병사가 예수님의 옆구리를 찌르고 그 결과로 '피'와 '물'(αἷμα καὶ ὕδωρ)이 흘러나왔다는 기록은, 요한복음 19:31-37에만 나온다. 따라서 이 본문은 전승된 복음서 가운데에서뿐 아니라 요한복음에서도 매우 특별한 기록이다. 또한 이 본문은 예수님의 십자가 사역과 가장 밀접한 관련이 있는 내용이자 요한복음을 이해하는 데 핵심이 되는 중심사상을 내포하고 있는 부분으로서, 매우 중요하다.

아울러 본문인 19:31-37의 중요성은 35절에 기록된바, "이를 본

---

103) "한 집에서 먹되 그 고기를 조금도 집 밖으로 내지 말고 뼈도 꺾지 말며 이스라엘 회중이 다 이것을 지킬지니라"
104) "아침까지 그것을 조금도 남겨두지 말며 그 뼈를 하나도 꺾지 말아서 유월절 모든 율례대로 지킬 것이니라"
105) "그의 모든 뼈를 보호하심이여 그 중에서 하나도 꺾이지 아니하도다"
106) "내가 다윗의 집과 예루살렘 주민에게 은총과 간구하는 심령을 부어 주리니 그들이 그 찌른 바 그를 바라보고 그를 위하여 애통하기를 독자를 위하여 애통하듯 하며 그를 위하여 통곡하기를 장자를 위하여 통곡하듯 하리로다"

자가 증언하였으니 그 증언이 참이라 그가 자기의 말하는 것이 참인 줄 알고 너희로 믿게 하려 함이니라"고 기록한 요한의 증언[107])에 의해 그 가치와 의미를 지닌다.

> **19:34** ἀλλ᾽ εἷς τῶν στρατιωτῶν λόγχῃ αὐτοῦ τὴν πλευρὰν ἔνυξεν, καὶ ἐξῆλθεν εὐθὺς <u>αἷμα καὶ ὕδωρ</u>.
> 그 중 한 군인이 창으로 옆구리를 찌르니 곧 <u>피와 물</u>이 나오더라

> **19:35** καὶ <u>ὁ</u> ἑωρακὼς μεμαρτύρηκεν, καὶ ἀληθινὴ αὐτοῦ ἐστιν ἡ μαρτυρία, καὶ ἐκεῖνος οἶδεν ὅτι ἀληθῆ λέγει, ἵνα καὶ ὑμεῖς πιστεύσητε.
> <u>이</u>를 본 자가 증언하였으니 그 증언이 참이라 그가 자기의 말하는 것이 참인 줄 알고 너희로 믿게 하려 함이니라

19:35에 명확히 밝힌 요한의 증언은, 요한이 20:31에 명시한바 요한복음의 기록목적과 그 맥이 통한다. 따라서 예수님의 죽음은, 생명의 근원이신 예수 그리스도를 믿는 모든 인간을 '죄와 사망의 법'에서 구속하여 주심과 그분의 대속사역으로 인해 죄사함을 받아 영원한 생명을 누리는 '새로운 시대'[**하나님 나라**]의 도래를 의미하고 있다는 점에 그 의의가 있다.

---

107) 당시 목격자의 이야기는 간접적으로 전해들은 이야기보다 훨씬 귀하게 여겨졌다. 이에 따라 글을 쓰는 사람이 목격자일 경우는 반드시 그 사실을 명기하는 관습이 있었다(Craig S. Keener, op. cit., 1567 참조.).

본문에 등장하는 이미지로서의 '피'와 '물'은 많은 학자가 주목하는 요소이다. 오스카 쿨만(Oscar Cullmann)과 다드(C. H. Dodd)를 비롯한 많은 학자들이 여기 나오는 '피'와 '물'이 성만찬과 세례를 가리킨다고 보고, 요한복음에 등장하는 여러 이미지에 집중해왔다.

전술한바, 오스카 쿨만(Oscar Cullmann)은 예수님의 죽음과 성례전의 연관성을 강조하고, "상처로부터 흘러나온 것이 실제의 물이며 실제의 피였듯이 세례의 물과 성만찬의 포도주 가운데 나타나는 그리스도의 현존도 실제적인 것이다"라고 자신의 견해를 피력하며, 본문의 '피'와 '물'이 교회에서 행하는 세례와 성만찬을 가리킨다고 주장하였다.108)

다드(C. H. Dodd)는 이러한 쿨만(Oscar Cullmann)의 주장에 동의하면서, 예수님의 옆구리에서 나오는 '피'와 '물'을 십자가 사역을 마치고 부활하신 그리스도에게서 나오는 생명의 표적으로 보았다.109) 쉬나켄부르그(R. Schnackenburg) 역시 "그 피는 예수님의 구원을 위한 죽음의 표적이며, 그 물은 성령과 생명의 상징"이라고 진술하였다.110)

또한 제임스 던(James D. G. Dunn)은 그의 책을 통해 "본문에서 물과 성령을 언급한 것은 예수가 인간으로서 실제로 죽었다는 것을

---

108) Oscar Cullmann, op. cit., 114-116.

109) C. H. Dodd, op. cit., 428.

110) R. Schnackenburg, *The Gospel according to St. John vol. III* (New York: Seabury Press, 1982), 294.

증거하기 위함"이라고 자신의 주장을 피력하는데, 이는 이 본문이 이단의 교리('가현설')를 따르는 자들을 겨냥하여 의도적으로 기록되었다고 보는 관점에서 비롯되고 있다.111)

그런가하면, 브라운(R. E. Brown)은 본문에서 죽은 예수님의 몸을 찌르는 묘사는 오직 요한의 독특한 표현이며, 피와 함께 흘러나오는 '물'은 예수 안에서부터 성령을 상징하는 생수가 흘러넘친다는 요한복음 7:37-39의 '물 이미지' 곧 "생수의 강"(ποταμοὶ ὕδατος ζῶντος), 그리고 그분이 하나님의 어린양이라는 1:29 내용의 성취라 판단하고 있다.112) 이 외에 쾌스터(Craig R. Koester)와 존스(Larry Paul Jones)를 비롯하여, 요한복음을 문학비평적 연구방법으로 접근한 많은 학자들이 이 견해를 따르고 있다.113)

김세윤 역시 이러한 관점으로 본문에 접근하여,114) 예수님의 몸에서 흘러나온 '피'가 6:52-58에서 예수님이 말씀하신 그 '피', 곧 우리에게 영생을 주는 '생명의 피'를 가리킨다면서 이를 속죄제사와 연결하여 설명한바 있다. 또한 예수님의 몸에서 흘러나온 '물'은 요한복

---

111) James D. G. Dunn, *Unity Diversity in the New Testament* (London: SCM Press, 1990), 301-302.

112) R. E. Borwn, *An Introduction to the New Testament*, 『신약개론』, 김근수 · 이은순 공역 (서울: 기독교문서선교회, 2003), 512.

113) Craig R. Koeaster, *Symbolism in the Forth Gospel : Meaning, Mystery, Community* (Minneapolis: Fortress, 1995), 181; Larry Paul Jones, The *Symbol of Water in the Gospel of John* (Sheffield: Sheffield Academic Press, 1997), 198-217.

114) 김세윤, 앞의 책, 218.

음의 여러 곳에서 예수님이 이미 언급하신 것과 같은 '물'인데, 그 '물'은 하나님의 영이거니와, 우리에게 생명[영생]을 주는 '성령'과 다름없다고 보았다.

그는 또한 십자가에 달린 예수님의 몸에서 흘러나온 '물'은 예수님께서 약속한바, 십자가에 달려 '영광 받음'을 의미하며, 그로 인해 우리에게 '성령'이 주어졌다고 해석하고 있다.115) 필자는 요한복음 19:31-37에 나타난 '물 이미지'가 '성령'과 '생명'을 상징하고 있다는 견해에 동의한다. 왜냐하면, 여기 등장하는 '물 이미지'는 예수님을 만남으로 말미암는 '새로운 시대'[하나님 나라]의 도래와 그로 말미암아 누리게 되는 충만한 '생명'[영생]을 함의하는바, 요한복음 7:37-39의 '물 이미지'와 연결되어 있기 때문이다.

이렇게 '물'과 '피'를 흘리신 십자가 죽음을 통해 예수님께서는, 우리로 하여금 하나님과 연합하게 하시고 하나님의 영 곧 '성령'을 받게 하셨다. 중요한 것은, 예수님께서는 모든 표적을 자신이 하나님의 아들이시며 생명의 '물'이라는 사실을 드러내시기 위해서만 사용하셨다는 점이다. 따라서 요한복음의 '물 이미지'는 예수님이 보여주신 '표적'(σῆμα)과 예수님의 '정체성'(ἐγώ εἰμι)을 잇는 매개체로 기능하며, 언제나 예수님을 증거하는 데로 나아가고 있음을 알게 된다.

---

115) Ibid., 218-219.

19:36 ἐγένετο γὰρ ταῦτα ἵνα ἡ γραφὴ πληρωθῇ· ὀστοῦν οὐ συντριβήσεται αὐτοῦ.

이 일이 일어난 것은 그 뼈가 하나도 꺾이지 아니하리라 한 성경을 응하게 하려 함이라

19:37 καὶ πάλιν ἑτέρα γραφὴ λέγει· ὄψονται εἰς ὃν ἐξεκέντησαν.

또 다른 성경에 그들이 그 찌른 자를 보리라 하였느니라

그리하여 예수님은 "성경이 응"한, 즉, 성경에 예언된 내용이 실제로 임한 "이 일"(ἐγένετο)을 보고 또 그것을 통해 예수님이 하나님의 아들이심을 "믿는 자"로 하여금 하나님으로부터 임하는 '새 생명', 즉 '영생'을 누리게끔 하셨다. 그런데 중요한 것은, 요한복음 19:31-39에 나타나는 '물 이미지'가 다시 요한복음 2:1-11의 '물 이미지'와 7:37-39에 등장하는 '물 이미지' 곧 "생수의 강"(ποταμοὶ ὕδατος ζῶντος)과 유비한다는 점이다. 이러한 면면을 통해 요한복음에 등장하는 '물 이미지'(Image of Water)들의 외연과 내포가 모두 생명이신 하나님의 아들 '예수 그리스도'와 '성령'을 가리키고 있음을 알 수 있다.

2) 본문의 '물 이미지'가 지닌 신학적 의미와 사상

앞에 거론한바, 많은 신학자가 요한복음 19:31-37의 '피'와 '물'을

성례전적으로 해석하고 있다. 또한 이 구절은 의학적 측면에서 예수님이 완전히 죽으셨음을 확증함과 동시에, 이로 말미암아 예수님께서 약속하신 '성령'의 임재하심을 암시하고 있다고 해석하는 견해도 있다. '성령'은 생명의 근원이자 원천이며 하나님의 영이자 예수 그리스도의 영이기 때문이다. 따라서 예수님은 부활하신 후에 그 제자들을 향하여 숨을 내쉬면서 '성령'을 받으라고 하셨다(요 20:22).

필자는 본문(19:31-37)에 사용된 이미지로서의 '피'와 '물'이 세 가지를 함의하고 있다고 판단한다. 첫째는 던의 견해와 같이 예수님의 성육신과 죽음이 사실이라는 점을 강조하기 위해 언급했다는 점이다. 이는 요한복음 서론을 통해 이미 강조된바, "말씀이 육신이 되어 우리 가운데 거하셨다"(1:14)는 사실을 전제하는 기록이다.

이 전제는 요한복음에 등장하는 대립쌍(빛과 어둠, 생명과 죽음, 밤과 낮, 영과 육 등)들에 주목하여 그 대립적 서술양상을 내세우는 자들이, 요한복음을 영지주의적으로 해석하면서 이분법적 관점으로 접근하는 것에 반(反)하는 기록이며, 19:17의 "예수께서 자기 십자가를 지시고 해골이라 하는 곳에 나가시니" 라는 기록과 함께 영지주의자들의 주장에 대응하고자 한 의도적 장치임에 틀림없다.

둘째는 예수님이 하나님의 어린양이자 유월절 희생제물로서 감당해야 하는 사역을 강조하기 위해 언급했다는 점이다. 이는 예수님께서 유월절 어린양의 기능을 감당했음을 드러내고자 하는 저자 요한의 의도인바, 출애굽 때에 유월절 어린양의 피가 이스라엘 백성들을 죽음의 세력에서 보호하였듯이 참된 어린양이신 예수님의 십자가 죽음과 그로 인해 죄 없이 흘리는 예수님의 보혈이 그를 믿는 자들을 '죄와 사망의 법'에서 구원하여 죽었던 영을 소생시키고 죄를 도말함을 나타내는 것이나 다름이 없다.

이로써 이 본문은 참 하나님이시면서도 참 사람으로 오신 예수님께서 우리의 죄를 대신하여 "세상 죄를 지고 가는 하나님의 어린양"[116]으로서 마땅히 치러야만 하는 사명 곧 십자가상에서의 죽음을 감당하셨다는 것과, 이로 인한 예수님의 온전한 인성[117] 및 실제적인 죽음을 입증한다. 그럼에도 예수님의 뼈는 구약성경에 예언된 바와 같이 하나도 꺾이지 않았다(19:33). 이는 출애굽기 12:46-47[118]과 민수기 9:12,[119] 시편 34:20,[120] 그리고 스가랴 12:10[121]에 예언된 하나님의 말씀이 성취된 사실에 대해 확증하는 기능을 한다.

셋째는 예수님의 죽음에 대해 사용된 공관복음서의 동사 'ἐκπνέω'의 의미가 '마지막 숨을 내쉬다' 혹은 '죽다'인데 반해, 요한복음

---

116) 요 1:29, 35 참조. 예수님의 공생애 중의 가르치심과 고치심(행하시는 사역)을 기록할 때 요한은 주로 그 사건을 유대 명절(초막절, 유월절 등)과 관련지어 서술하고 있는데, 이는 예수님의 십자가 사건이 실제로 있었던 일임을 강조하여, 독자로 하여금 그것을 믿게 하고자 하는 기록목적과 의도에 근거하는 것으로 파악된다.

117) 김득중, 『요한신학』(서울: 컨콜디아사, 1994), 140-145.

118) 본고의 각주 103) 참조.

119) 본고의 각주 104) 참조.

120) 본고의 각주 105) 참조.

121) 본고의 각주 106) 참조.

19:30에 나타나는 동사구는 '영혼이 떠나가시니라' 곧 'παρέδωκεν τὸ πνεῦμα'이다. 여기서 'παρέδωκεν'은 'παραδίδωμι'를 기본형으로 하여 '넘겨주다' 곧 '영을 넘겨주다'라는 뜻을 함의하고 있는데, 이는 6:71과 13:2 그리고 18:5과 30절, 35절에 나타나는바, 예수님께서 십자가에 처형되기 위하여 다른 사람들에게 넘겨지는 장면을 묘사할 때 사용된 단어이기도 하다.

예수님께서는 자신이 가고 난 후라야 비로소 '성령'이 오실 것을 고별강화를 통해 누누이 말씀하셨는데, 이는 본문인 요한복음 19:34에서 예수님 몸에서 '피'와 함께 흘러나오는 '물 이미지'(Image of Water)를 통하여 극명하게 드러나고 있음을 알 수 있다. 아울러 본문은 이 '물 이미지'가 예수님께서 여러 번 반복하여 강조하신 '성령' 선물(6:63)이자 예수님을 믿는 이들의 배에서 흘러넘치게 될 "생수의 강"(ποταμοὶ ὕδατος ζῶντος, 7:38)임을 암시하고 있다.

이는 앞에서 거론한 대로, 에스겔 47:1-12,[122] 스가랴 14:8,[123] 시편 78:15-16, 105:40-41[124]과 상호텍스트성(mutual text, intertextuality)을 이루고 있는 문맥을 통해 확인할 수 있다. 그런데 이 '물 이미지'는 사실 '하나님의 뜻'과도 연결되어 있다. 그리고 그 '하나님의 뜻'은 종말에 있을 '재창조'와 직결된다. 이러한 내용은 요한복음 6:39-54

---

122) 본고의 각주 77) 참조.
123) 본고의 각주 78) 참조.
124) 본고의 각주 80), 81) 참조.

과 요한일서 5:4-8과의 비교·대조를 통하여서도 여실히 드러나는데, 이는 다니엘 12:1-2에 언급되어 있는 '하나님의 때'이기도 하다.

즉, 요한복음 19:31-37의 '물 이미지'는 에스겔 47:1-12에 하나님 나라의 성전에서 흘러나오는 '생수의 강'으로 묘사되어 있고, 스가랴 14:1-11, 특히 14:8에는 예루살렘에서 솟아나 사방으로 흘러가며 어떤 상황에도 그치지 않을 '생명(חיים)의 물(מים)'[125]로 기록되어 있다. 또한 시편 78:15-16과 105:40-41에는 사막에서부터 나오는 '물 이미지'(מים חיים)가 등장하는데, 그 '물'은 그리스도이신 예수님으로 말미암는다는 사실을 드러내고 있다.

그리고 이 '물 이미지'는 7장에 나타난 "생수의 강"(ποταμοὶ ὕδατος ζῶντος)과 더불어 구속사를 완성하신 예수님께서 성전의 기능을 완전하게 대체하고 계심을 나타내는 요한계시록 21:22-23을 받으며 이어지는바, 22:1-2에 나타나는 '물 이미지'(מים חיים)[126]와 직결된다. 이러한 '물 이미지'(Image of Water)는 다시 창세기에 나오는바, 에덴동산 중앙을 흐르던 강과 연결된다는 점을 상기시킨다. 이를 고려하면, '창세기-에스겔-요한복음-요한계시록'으로 이어지며 흐르는 '물 이미지'가 성경의 큰 맥(脈)으로 기능함을 알 수 있다.

이를 통하여, 요한복음에 나타나는 '물 이미지'는 '기독론'과 '성령

---

125) 창 26:19; 레 14:3-5; 민 19:17; 겔 47:1-12.

126) G. K. Beale, "에덴 성소와 이스라엘 성전 및 새 창조적 하나님 나라에서 계속 변화되는 성령의 종말론적 성전으로서의 그리스도와 교회 이야기", 『신약성경신학』, 김귀탁 옮김 (서울: 부흥과개혁사, 2013), 624-626; 본고의 각주 84), 85) 참조.

론'을 내포하고 있으며, 이는 하나님의 말씀이시며 생명수이신 하나님 아들 곧 예수 그리스도를 만나서, 그분을 믿음으로 말미암아 얻게 되고 경험하게 되는 새 생명·새 시대의 도래에 대한 분명한 시사임을 알게 된다. 여기서 '새로운 시대'[**하나님 나라**]란 오직 그리스도 예수를 믿음으로써 누리게 되는 '새 생명의 시대' 즉 하나님의 통치 안에 거함을 의미한다. 그리고 그것은 하늘로부터 임하는 성령의 충만함으로 말미암는다.

IV. 요한복음의 '물 이미지'에 내포된 신학적 의의

1. 물의 기독론과 성령론

1) 가나 혼인잔치에 등장하는 '물 이미지'(2:1-11)

요한복음에는 '물 이미지'(Image of Water)가 집중적으로 나타난다. 그중 2:1-11에 나타나는 '물 이미지'는 처음에 맹'물'이었다가 예수님을 만나 포도주로 바뀐 '물'(ὕδωρ)이다. 이 '물'은 혼인잔치가 열리는 집의 종들이 하객들을 대접할 포도주가 동이 난 사실을 알고 예수님의 어머니 마리아에게 알리는 것으로 시작된다. 즉, 문제를 발견하여 그것을 해결할 수 있는 가장 적합한 사람을 찾아 그 문제의 해결을 청한 것이다.

또한 이 '물'은 어머니 마리아가 예수님께 문제를 고한 후, 자신에게 포도주가 없음을 알린 종들에게 미리 명한바, 종들의 순종으로 말미암는다. 그 집 종들은 자기들이 발견한 문제의 해결을 요청한 마리아의 말에 순종했다. 그래서 예수님이 채우라고 말씀하신 여섯 개의 돌항아리를 그 입구까지 '물'로 채웠다. 이 항아리는 유대인의 정결의식을 위해 집 밖에 놓아두는 것으로 언제나 미리 준비되어 있는 용기이다.

포도주로 변한 '물'은 이미 준비되어 있던 항아리를 순종으로 채운 '물'이다. 그런데 그 '물'은 예수님의 영광을 나타내기 위해, 즉, 예수님을 위해 사용되었다. 그리고 예수님에 의해 변화되었다. 이 '물'은 유대인들의 규례와 법도인 율법을 완성하러 오신 예수님을 만난 '물'이며, 비어있던 항아리가 폐기되는 것이 아니라 이 '물'로 채워짐으로써 인간이 부닥친 문제를 완전히 해결하여 충족·충만의 상태에 이르게 한다는 점에서 구약성경과의 '연속성'과 '불연속성'을 내포하고 있다.

요한은 '물'이 포도주로 바뀐 이 표적이 예수님의 첫 번째 표적이라고 밝히고, 이는 예수님에 대한 제자들의 믿음을 강화시키기 위한 사건이었음을 명기하고 있다. 이는 20:31에 기록된바, 예수님이 하나님의 아들 그리스도이심을 믿게 하기 위함이요, 그를 따르는 자들로 하여금 예수님을 그리스도로 믿어 생명을 얻게 하기 위함이다. 따라서 2:1-11에 등장하는 '물 이미지'는 요한이 명시적으로 밝혀놓은 요한복음의 기록목적과 같은 기능을 하고 있음을 알 수 있다.

요컨대, 요한복음 2:1-11에 나타난 '물 이미지'는 생명이신 예수 그리스도, 곧 참하나님이시면서 참인간으로 오신 예수 그리스도를 내포하고 있다. 이로써 '물 이미지'는 제자들에게 예수님이 하나님의 아들 그리스도이심을 굳게 믿게 하고, 또 그 믿음으로 말미암아 생명[**영생**]을 얻게 하고자 하는 '기독론'을 담고 있다는 점에 그 가치와 의미가 있다. 즉, 요한복음 2:1-11에 나타난 '물'은 주 예수 그리스도이다.

여기 나타난 '물'이신 예수 그리스도는 요한일서 5:4-8에 나타난 바, 믿음에 근거하여 우리에게 '생명'[**영생**]과 '새로운 시대'[**하나님 나라**]의 도래이자 우리 승리의 근원이시며, '물'과 '피'로 임하신 분 이시다.

2) 믿는 자의 배에서 흘러나오는 '물 이미지'(7:37-39)

요한복음 7:37-39에 나타난 '물 이미지'(Image of Water)는 "생수 의 강"(ποταμοὶ ὕδατος ζῶντος)이다. 요한은 이것이 '성령'이라고 본문에 확실히 밝혀놓았다(7:39). '성령'은 태초부터 존재했던 성삼 위 하나님이시며, 인간을 향하신 성부 하나님의 사랑으로 말미암아 인간의 옷을 입고 세상에 오신 성자 예수님이 십자가에 못박혀 죽는 대속사역을 완성하심으로써 받게 되는데, 이는 성자 예수님의 영광을 통하여 모든 "믿는 자"에게 주어지게 될 풍성한 하나님의 '영'이다.

7:37-39의 '물 이미지'는 이러한 '성령'의 임재하심과, 내주하시며 역사하시는 '성령'의 사역을 강조하고 있다. 본문에서는 이 '성령' 사역 이 '성령'의 충만, 곧 흘러넘치는 "생수의 강"(ποταμοὶ ὕδατος ζῶντος) 으로 묘사되어 있다. 이는 오순절 이후 교회에 차고 넘치도록 부어질, 풍성한 하나님의 영[**성령**]과 더불어 예수님을 믿는 자[**성도**]의 마음속 에 영원토록 내주하시는 '성령'을 가리킨다. 기능적으로 이 '영'은 성도 의 마음에 내주하시며 강력히 역사하시는 예수님의 '영'이다.

예수님의 영으로 표현된 7:37-39의 '성령'은 어찌 보면 '보혜사'(παράκλητος)적 측면이 강조된 것이며, 그 '영'이 주어질 시기는 전적으로 하나님의 작정하심과 구속사, 즉, 예수님의 구원사역 및 그 진행과 긴밀히 연결되어 있다. 또한 본문에 등장하는 '물 이미지' 곧 "생수의 강"(ποταμοὶ ὕδατος ζῶντος)은 그 속성이 흐르는 '물'로서, 예수님을 믿는 모든 자 곧 성도들에게 충만히 부어주실 은혜로서의 '성령' 곧 '보혜사'(παράκλητος)이다.

'보혜사'(παράκλητος)라는 칭호는 요한의 글에서만 발견할 수 있는데, 요한복음 14:16, 14:26, 15:26 그리고 16:8과 16:13에 나타난다. '성령'의 기능적 측면이 강조된 '보혜사'는 그 기능을 두 가지로 양분할 수 있다. 하나는 제자들을 대하는 기능이고, 다른 하나는 세상을 대하는 기능이다. 이중 전자는 사람들을 위로하고 격려하며 예수님께서 하신 말씀을 기억하고 깨닫게 함으로써 제자들이 사명을 이행하는 것을 돕는다. 이에 비해 후자는, 사람들을 정죄하고 심판하며, 하나님의 말씀 곧 진리를 수호하고, 예수님께 속한 사람들을 변호한다.

이로써, 요한복음 7:37-39에 나타나는 '물 이미지'(Image of Water)는 "믿는 자"들이 예수 그리스도와의 신비한 연합을 이루고, 그 연합을 통해 생명이시자 생명의 근원되시는 예수 그리스도 안에서 예수 그리스도의 '영'이자 '성령'인 "생수의 강"(ποταμοὶ ὕδατος ζῶντος)을 충만히 공급받을 뿐만 아니라, 그것을 주변으로 흘러넘치

게 함으로써, 그 충만[예수님의 배[**안**]에서 흘러넘치는 강'물']의 충
만[성도의 배[**중심**]에서 흘러넘치는 강'물']에 이르게 한다는 점에
그 의의를 지닌다. 이는 '물의 기독론'에 근거한 '물의 성령론'이라 할
수 있다.

그런데 주목할 것은, 여기 나타난 '물 이미지'가 요한일서 5:4-8과
연결된다는 점이다. 즉, 요한복음 7:37-39에 나타난 '물 이미지'는
'물'로 임하신바 주 예수 그리스도를 증언하는 '성령'이요 '진리'이다.
여기서 '진리'는 곧 하나님의 말씀이요, 주 예수 그리스도를 증언하는
세 가지['**물**'과 '**피**'와 '**성령**'] 중 하나인데, 성경은 이 세 가지가 "합
하여 하나"라고 선언하고 있다. 그리고 그 하나는 바로 우리 믿음에
근거하여 우리에게 생명[**영생**]과 새로운 시대[**하나님 나라**]로 임하
시는 단 한 분, 곧 주 예수 그리스도와 그분의 영[**성령**]을 가리킨다.

3) 십자가상의 예수님 몸에서 흘러나오는 '물 이미지'(19:31-37)

요한복음 19:31-37에 차용된 '물 이미지'(Image of Water)는 세 가
지를 함의하고 있다고 판단한다. 그것은 첫째, 예수님의 죽음이 사실
이라는 점을 강조하기 위해 사용되었다. 둘째, 예수님이 하나님의 어
린양이자 유월절 희생제물로서 감당해야 하는 모든 사역을 남김없
이 모두 감당하셨다는 점을 드러내기 위해 사용되었다. 그런데 이 두
가지 내포는 외연적으로 예수님이 십자가에 처형되시기 위해 다른

사람들에게 넘겨지는 장면을 묘사할 때에도 사용되어, 그 때의 상황과 연결되고 있다는 점을 근거로 세 번째 의미를 내포하기도 하다. 그것은 대속적 죽음이다.

한편, 예수님께서는 자신이 완전히 죽고 난 후라야 비로소 '성령'이 임할 것임을 본문 앞에 위치한 고별강화를 통해 누누이 말씀하셨는데, 이때 '성령'이 오실 시기의 기준으로 제시된바, 예수님의 완전한 죽음은 본문인 요한복음 19:34에서 예수님 몸에서 피와 함께 흘러나오는 '물 이미지'를 통하여 극명하게 드러나고 있음을 알 수 있다. 아울러 이 '물 이미지'는 예수님께서 여러 번 반복하여 강조하신 '성령'선물(6:63)이자 예수님을 믿는 이들의 배에서 흘러넘치게 될 "생수의 강"(ποταμοὶ ὕδατος ζῶντος, 7:38)이다.

7:38의 "생수의 강"(ποταμοὶ ὕδατος ζῶντος)은 앞서 거론한바, 에스겔 47:12, 스가랴 14:8, 시편 78:15-16, 105:40-41과 상호텍스트성(mutual text, intertextuality)을 이룬다. 그리하여 상호텍스트가 서로를 증명하는 기능을 담당함으로써, 하나님의 아들 예수 그리스도가 "생명"[영생]과 "생수"의 근원이시자 "생수의 강"(ποταμοὶ ὕδατος ζῶντος, 7:38)이요, 그 발원임을 여실히 드러내고 있다.

그리고 이 '물 이미지'는 다시 요한일서 5:4-8과 연결되는바, 주 예수 그리스도를 증언하는 세 가지['물'과 '피'와 '성령']가 합하여 나타내고 있는 '하나'임을 알 수 있다. 그 '하나'는 바로 '생수(מים חיים)'의 근원이신 예수님이 하나님의 아들이심을 "믿는 자"들에게 '생명'[영생]과 '새로운 시대'[하나님 나라]로 임하시는 분, 주 예수 그리스도이시다.

2. 생명과 새로운 시대의 도래

요한복음 2장, 7장, 19장에 나타난 '물 이미지'(Image of Water)의 내포, 즉, 물의 '기독론'과 '성령론'은 하나님의 말씀이시며 생명수이신 하나님 아들 곧 예수 그리스도를 만나, 그분을 믿음으로 말미암아 얻게 되는 새 생명·새 시대[하나님 나라]의 도래에 대한 분명한 시사이다.

이는 예수님을 만나 포도주로 변하는 '물'(1:1-11), 생수이신 예수님을 만나 믿음으로 영적 목마름을 해결하고 새 생명을 얻을 뿐 아니라, 예수 그리스도를 믿는 자의 안에서부터 밖으로 흘러넘칠 수밖에 없는 속성을 지닌 생명의 강 '물'(7:37-39), 그리고 예수님께서 완성하신 십자가 사역의 끝[대속적 죽음]에서 예수님이 보내주실 성령의 임재를 상징하며 흘러나온 '물'(19:31-37)을 살펴봄으로써 밝히 드러났다.

요한복음에 나타난 이 '물 이미지'(Image of Water)들은 곧 '예수 그리스도가 누구신가'를 나타내는 예표이다. 이는 에스겔 47:1-12[127]에 하나님 나라의 성전에서 흘러나오는 '생수의 강'으로 묘사되

---

127) 본고의 각주 77) 참조.

어 있고, 스가랴 14:1-11, 특히 14:8[128)에는 예루살렘에서 솟아나 사방으로 흘러가며 어떤 상황에도 그치지 않을 '생명(חַיִּים)의 강물(מַיִם)'[129)로 기록되어 있어, 서로 유비적(類比的)으로 작용함으로써 더욱 분명해진다.

즉, 요한복음의 '물 이미지'는 예수님이 보여주신 '표적'(σῆμα)과 예수님의 '정체성'(ἐγώ εἰμι)을 잇는 매개체로 기능하며, 언제나 예수님을 입증하는 데로 나아간다. 이로써 요한복음의 '물 이미지'는 '성령'과 그 맥을 같이하며, 성경 전체를 관류하고 있음을 알 수 있다.

또한 시편 78:15-16과 105:40-41에 등장하는 '물 이미지'(מַיִם חַיִּים)[130)역시 생명이 그리스도이신 예수님으로 말미암는다는 사실을 드러내고 있다. 그리고 이 '물 이미지'는 7장에 나타난 "생수의 강"(ποταμοὶ ὕδατος ζῶντος)과 더불어 구속사를 완성하신 예수님께서 성전의 기능을 완전하게 대체하고 계심을 나타내는 요한계시록 21:22-23을 받으며 이어지는 22:1-2의 '물 이미지'(מַיִם חַיִּים)[131)와 직결된다.

이러한 '물 이미지'는 다시 창세기 2장에 기록된바, 에덴동산 중앙을 흐르던 강을 상기시키며 연결된다. 이를 고려하면, '창세기─에스겔─요한복음─요한계시록'으로 이어지며 일관되게 흐르는 '물 이

---

128) 본고의 각주 78) 참조.

129) 창 26:19; 레 14:3-5; 민 19:17; 겔 47:1-12 참조.

130) 본고의 각주 80), 81) 참조.

131) G. K. Beale, op. cit., 624-626; 본고의 각주 84), 85) 참조.

미지'는 곧 성경의 맥(脈)으로 기능함을 알 수 있다. 따라서 요한복음의 '물 이미지'는 '기독론'과 '성령론'을 내포한다.

'물 이미지'의 이러한 내포는 인간을 비롯하여 세상에 존재하는 모든 것이, '하나님의 말씀'이시며 '생명수'이신 '하나님 아들' 곧 '예수 그리스도'를 만나고, 그분을 믿음으로 말미암아 얻게 되는 새로운 '생명'[**영생**]·'새로운 시대'[**하나님 나라**]의 도래에 대한 분명한 시사이다.

그런데, 요한복음에 나타나는 '물 이미지'를 통해 드러나는 '새로운 시대' 즉 '하나님 나라'는, 공관복음에 기록되어 있는바 하나님 나라의 도래 그 자체만을 드러내는 것이 아니라, 우리에게 임하시는 예수님으로 말미암아 전폭적으로 변화된 시대와 삶, 즉 하나님 나라의 특징을 나타낸다.

이로 인하여 요한복음의 '물 이미지'에 내포된 하나님 나라와 공관복음에 기록된 하나님 나라가 다소 차이가 있음을 알 수 있다. 이는 요한복음에 나타난 하나님 나라가 하나님 나라의 특징에 대해 중점적으로 증언하고 있다는 데 기인한다. 따라서 요한복음은 하나님 나라의 특징에 관해 보다 본질적인 면면을 부각시키고 있다고 할 수 있다.

즉, 요한복음의 '물 이미지'는 예수님이 보여주신 '표적'($\sigma\hat{\eta}\mu\alpha$)과 예수님의 '정체성'($\epsilon\gamma\acute{\omega}$ $\epsilon\acute{\iota}\mu\iota$)을 잇는 매개체로 기능하며, 언제나 예

수님이 하나님의 아들이심을 증거하는 데 사용되었거니와, 그분을 만나는 자들에게 그 예수님이 하나님의 아들이심을 믿게 하고, 그 믿음으로 말미암아 그들로 하여금 '생명'[**영생**]을 얻게 하여, '새로운 시대'[**하나님 나라**]를 경험하게 하는 데까지 나아간다.

요컨대, 요한복음 2장, 7장, 19장에 나타나는 '물 이미지'(Image of Water)는 요한일서 5:4-8에 기록된바 '성령'과 그 맥을 같이하며, '생명'과 '생수'의 근원이신 주 예수 그리스도의 상징으로서 신·구약성경 전체를 관류하고 있다.

Ⅴ. 결론

1. 요약

본고는 요한복음 2장, 7장, 19장에 나타나는 '물 이미지'(Image of Water)에 천착하여, 그것이 요한복음의 중심주제인 생명신학과 요한복음 전체구조에 얼마나 중요한 역할을 하는지를 살피는 데 그 목적이 있다. 이는 요한복음에 나타난 '물 이미지'가 요한복음 전체 내용을 받쳐주는 외연적 구조의 골계이면서, 신약성경과 구약성경을 연결하는 가교로 기능할 뿐만 아니라, 태초의 창조 모티프(creation motif)에서부터 예수님으로 말미암는 만물의 회복 곧 재창조 모티프(recreation motif)를 아우르는 중요한 역할을 담당하고 있기 때문이다.

이를 위해 우선 Ⅱ장에서는 '물'의 개념과 신·구약성경에 나타난 '물'의 활용에 대해 살펴보았다. 구약성경에 나타나는 '물 이미지'(Image of Water)는 긍정적 측면에서, '생수'(מַיִם חַיִּים)의 근원이신 하나님(렘 2:13; 17:13), 하나님의 신[靈] 곧 태초부터 계셨던 하나님의 신('성령')이자 신자들에게 부어주셔서 그들을 채워주시는 '성령'(창 1:2; 출 31:3; 35:31; 신 34:9; 사 32:15; 44:3-4; 겔 36:25-26; 39:29; 욜 2:23; 28-29; 잠 1:23), 하나님을 신앙하는 간절한 마음(시 42:1), 마르지 않는 샘(사 58:11), 시냇가에 심은 나무(시 1:3; 렘 17:8), 하나님을 아는 지식의 광대함(합 2:14; 사 11:9) 등을 표현하는 데 사용되었다.

한편, 부정적 측면에서 사용된 '물 이미지'도 있는데, 그것은 매춘 행위에 대한 비유로 사용된 도적질한 '물'(잠 9:17), 두려움이 녹아 된 '물'(수 7:5), 하나님을 떠나 마른 땅처럼 되어버린 '물' 없는 죽음 (시 143:6), 죽음이 쏟아내는 '물'(삼하 14:14; 시 22:14), 참람한 억압과 고통으로 생긴 많은 '물'(삼하 22:17), 침략자의 힘과 원수의 권세의 상징인 '물'(사 66:12; 렘 47:2; 시 18:4; 124:4) 등을 묘사할 때 나타나는 양상을 보인다. 이를 고려하면, 구약에 사용된 'מים'(mayim)의 용례는 규칙적이며 양면성을 지니고 있음을 알 수 있다. 그것은 질서와 무질서(혼돈), 생명과 죽음, 복과 벌로 대분되며, 그 비교와 대조가 반복된다는 점이다. 이러한 '물'의 용례는 신약에서도 동일한 개념을 지닌 채 수단 또는 방법으로써 사용된 것과, 생명과 변화를 나타내는 이미지로서 사용된 것으로 구별된다.

신약성경에 78회 등장하는 '물'은 헬라어로 'ὕδωρ'(hydōr)이다. 이 단어는 복음서에도 39회나 나타나는데, 이 외에도 서신서 그리고 계시록까지 광범위하게 등장한다. 그중에서도 특히 요한복음에 집중적으로 나타나는 경향을 보인다. 중요한 것은 신약에 나타난 '물'이 예수님의 사역과 불가분의 관계에 있다는 점이다. 신약에 등장하는 '물'은 우선 인간의 생명을 유지하게 하는 식수이자 타인의 갈증을 풀어주기 위해 베푸는 '물'을 의미하며, 인간의 갈증과 결핍을 해결하는 '물'을 뜻하는 단어로 사용되었다(막 9:38-41; 14:13; 눅 16:19-21;

22:10; 요 4:1-42; 약 3:12; 계 8:10-11; 14:7; 16:4-5).

이로써, 신약에 나타난 '물'[ὕδωρ]의 용례 역시 양면적이고 규칙적인 경향을 보이고 있거니와, 그것은 구약과 마찬가지로 질서와 무질서(혼돈), 생명과 죽음, 복과 벌로 대분되며, 그 비교와 대조 또한 반복된다는 점을 발견하였다. 이러한 '물' 또는 '물 이미지'(Image of Water)에 관한 표현은 신약성경 가운데 요한복음에 집중되어 나타나는데, 그 양상은 매우 복합적이며 독특하다. 그것은 '물'이 예수님의 사역 가운데 발생하는 여러 사건의 초점으로 기능하기 때문이라 사료된다.

III장에서는 예수님과의 만남 및 그것을 통한 변화와 완성을 내포하고 있는 '물 이미지'(2:1-11; 7:37-39; 19:31-37)를 중점적으로 천착함으로써, 하나님께서 요한복음을 통하여 보여주신 '물 이미지'(Image of Water)가 성경 전체에서 문맥(文脈, context)적으로 어떤 위치에 있는지를 가늠하여 정리한 후, 거기 내재된 신학코드 및 상호텍스트성(mutual text, intertextuality)을 분석하였다. 왜냐하면 그것은 요한복음의 얼개이자 신·구약성경의 가교이면서, '새로운 시대'[생명, 영생·하나님 나라]의 도래를 의미하고 있기 때문이다.

살펴본 바에 따르면, 우선 요한복음 2:1-11에 나타나는 '물 이미지'(Image of Water)는 그 속성이 맹물인바, 예수님이 그 잔칫집에 계신 상태에서 연회에 베풀 포도주가 동이 났음을 아신 예수님을 만나 맛이 깊은 좋은 포도주로 변하게 된 '물'이다. 그런데 간과하지 말아야 할 것은, 이 '물'이 정결의식을 위해 준비되어 있던 여섯 개의 돌항아리를 가득 채운 '물'과 연결되어 있다는 점이다.

즉, 본문에서 '물'[ὕδωρ]은 7절에 한 번, 9절에 두 번 나타나는데, 이 '물'들은 공히 여섯 개의 돌항아리(물동이)와 긴밀하게 연결되어 있거니와, 이 돌항아리(물동이)들은 유대인의 정결의식을 위해 늘 준비되어 있던 것들이다.

본문인 요한복음 2:1-11의 구조로 볼 때 '물'은 예수님에 의해, 예수님을 위해서 사용된 매개물이다. 그것은 예수님에 대한 제자들의 믿음을 강화시키기 위해 예수님에 의해 포도주로 변하였다. 그런데 앞서 거론한바, '물'은 생명의 근원이다. 또한 삼위일체 하나님은 세상의 근원이시자 생명의 원천이시다. 따라서 이 '물 이미지'(Image of Water)는 오실 예수님을 주인공으로 한 구약성경의 내용, 즉, 이사야 25:5-6과 55:1-2, 아모스 9:13, 그리고 요엘 3:18과 상호텍스트성(mutual text, intertextuality)을 이루고 있다.

이러한 유비(類比)는 구약성경에 계시된 '약속'과 그것의 '성취'라는 측면에서 신·구약성경의 '연속성'과 '불연속성'을 드러낸다. 이는 오실 예수님을 주인공으로 한 구약성경 내용과 오신 예수님과 다시 오실 예수님을 주인공으로 한 신약성경 내용의 '연속성'과 예수 그리스도로 인한 '새로운 시대'[하나님 나라]의 도래에 의해 이전과는 전혀 다른 것으로 '변화'되는 '특성'[하나님의 통치 아래서 하나님 나라를 누리는 삶]으로서의 '불연속성'을 나타낸다고 볼 수 있다.

여기서 '연속성'과 '불연속성'이란 하나님의 아들이시자 메시야이신 예수 그리스도의 존재하심에 관한 '연속성'이자 과거 율법 즉 '죄와 사망의 법'에 얽매여 살던 인간의 삶이 하나님의 아들 예수 그리스도를 만나고, 알고, 그분이 하나님의 아들이심을 믿음으로 말미암아 '생명과 성령의 법'을 좇아 새롭게 누리게 되는 충만한 은혜의 삶에 대한 '불연속성'이라 아니할 수 없다. 따라서 요한복음 2:1-11에 나타나는 '물 이미지'는 참하나님이시면서 참인간으로 오신 예수 그리스도를 드러내는 기독론, 곧 '물의 기독론'을 내포한다.

두 번째로, 요한복음 7:37-39의 '물 이미지' 곧 "생수의 강"(ποταμοὶ ὕδατος ζῶντος)은 저자가 확실히 밝혀놓은바, '성령'이다(7:39). 따라서 본문은 예수님의 십자가 죽음 이전에도 여전히 존재하는 삼위 하나님으로서, 성자 예수님이 하나님의 뜻을 따라 십자가상에서 죽는 사역을 완성하심으로써 받는 그리스도 예수의 영광을 통하여 주어지게 될 풍성한 '성령'의 임재와, 내주하시며 역사하시는 '성령'의 사역을 강조하고 있다고 판단된다.

이는 본문에 기록된바, '성령'의 충만한 임재 곧 "생수의 강"(ποταμοὶ ὕδατος ζῶντος)이 흘러넘치게 된다는 말씀이, 오순절 이후 교회에 충만히 주어질 풍성한 하나님의 영[성령]과 예수님을 믿는 자[성도]의 마음속에 영원토록 내주하시는 '성령'을 가리키며, 기능적으로는 성도의 마음에 내주하시며 강력히 역사하시는 예수님의 영으로서 '보혜사'(παράκλητος)적 측면이 강조된 것이라는 데 기인한다. 여기서 예수님의 영이란 구약에서 하나님의 영으로 불린 '성령'(רוח)이다.

그리스도의 영으로도 불리는 '성령'이 주어질 시기는 전적으로 예수님의 구원역사의 진행과 긴밀히 연결되어 있으며, 그것은 모든 믿는 자 곧 성도들에게 충만히 부어주실 '성령' 곧 '보혜사'(παράκλητος)이다. 그런데 이 '보혜사'(παράκλητος)는 요한의 글에서만 발견할 수 있는 칭호이고, 요한복음 14:16, 14:26, 15:26 그리고 16:8과 16:13에 나타난다.

이러한 측면에서 요한복음 7:37-39에 나타나는 "생수의 강"(ποταμοὶ ὕδατος ζῶντος)은 구약성경의 창세기 26:19, 출애굽기 17:1-6, 레위기 14:3-5, 민수기 19:17, 사무엘하 17:9, 시편 78:15-16과 105:40-41 그리고 107:5, 이사야 12:3과 55:1 그리고 58:11, 예레미야 2:13과 7:13, 에스겔 47:1-12, 스가랴 14:8, 요엘 2장의 내용, 그리고 요한일서 5:4-8과 요한계시록 21:22-23, 22:1-2에 명시적·암시적으로 등장하는 '물'[מים] 또는 '물 이미지'[מים חיים]와 상호텍스트성(mutual text, intertextuality)을 이루며 유비적(類比的)으로 작용하고 있음을 알 수 있다.

그런데 주목할 것은, '보혜사'로 불린 '성령'의 기능 또한 두 가지로 대분된다는 점이다. 그런데 그 하나는 사람들을 위로하고 격려하며 예수님께서 하신 말씀을 기억하고 깨닫게 함으로써 제자들이 사명을 이행하는 것을 돕는 역할이며, 다른 하나는 사람들을 정죄하고 심판하며, 하나님의 말씀인 진리를 수호하고, 예수님께 속한 사람들을 변호하는 법정적 역할이다. 이를 고려하면, 7:37-39의 '물 이미지'(Image of Water)는 '물의 기독론'에 근거한 '물의 성령론'을 내포한다.

세 번째로, 요한복음 19:31-37에 나타나는 '물 이미지'(Image of Water)는 에스겔 47:1-12을 통해 하나님 나라의 성전에서 흘러나오는 '생수의 강'으로 묘사되어 있고, 스가랴 14:1-11, 특히 14:8에는 예루살렘에서 솟아나 사방으로 흘러가며 어떤 상황에도 그치지 않을 '생명(חיים)의 강물(מים)'(창 26:19; 레 14:3-5; 민 19:17; 겔 47:1-12)로 기록되어 있다. 그리고 이 '물 이미지'는 시편 78:15-16과 105:40-41과 연결되는데, 시편 78:15-16과 105:40-41에 등장하는바 사막에서부터 나오는 '물 이미지'(מים חיים) 역시 그리스도이신 예수님으로 말미암는다는 사실을 확실히 드러내고 있다.

특히 중요한 것은, 요한복음 19:31-37의 '물 이미지'(Image of Water)가 7장에 나타난 "생수의 강"(ποταμοὶ ὕδατος ζῶντος)과 더불어 구속사를 완성하신 예수님께서 성전 기능을 완전하게 대체하고 계심을 나타내는 요한계시록 21:22-23을 받으며 이어지는 22:1-2의 '물 이미지'(מים חיים)와 직결된다는 점이다. 여기서 간과하지 말아야 할 것은, 이 '물 이미지'(Image of Water)가 다시 창세기 2장의 내용과 연결되면서, 창세기에 등장하는 에덴동산, 그 중앙을 흐르던 강과 연결된다는 점이다.

따라서 요한복음에 나타나는 '물 이미지'는 예수 그리스도의 사역을 근거로 한 '물의 기독론'과 '물의 성령론'을 함의하며, 성경 전체를 관통하고 있다고 아니할 수 없다. 이렇게 '창세기―에스겔―요한복음―요한계시록'으로 이어지며 흐르는 '물 이미지'(Image of Water)는 곧 성경의 맥(脈)으로 기능한다는 점이 확연해졌다.

이 결과를 토대로 하여 IV장에서는, '물 이미지'에 내포된 신학적 의미 즉 그 때 거기 살던 사람들에게 주신 하나님의 말씀과 '물 이미지'에 차용된 명시 및 암시가 오늘 여기 있는 우리에게 어떻게 기능하는가를 살펴보았다. 이를 통하여, 요한복음에 나타난 '물 이미지'는 '물의 기독론'과 '물의 성령론'을 내포하고 있음을 부인할 수 없게 되었다. '물'의 이러한 내포는 하나님의 말씀이시며 생명수이신 하나님 아들 곧 예수 그리스도를 만나, 그분을 믿음으로 말미암아 얻게 되는 새 생명·새 시대[**하나님 나라**]의 도래에 대한 분명한 시사이다.

2. 전망과 제언

앞서 거론한바, 요한복음에 나타난 '물 이미지'(Image of Water)는 요한복음뿐 아니라 성경전체를 해석하는 데 매우 중요한 요소이자 구조적 장치이다.

요컨대, 요한복음의 '물 이미지'는, 성경의 전후좌우로 긴밀하게 연결되어 있다는 점, 또한 그것은 당시의 사회적 정황을 반영하며 그것과 유비(類比)한다는 점, 그리고 그 유비(類比)를 가능하게 한 성경의 상호텍스트성(mutual text, intertextuality)을 통해 태초 하나님께서 아름답게 창조하신 모든 피조계[**'창조 모티프'(creation motif)**]가 인간의 타락으로 인해 완전부패·완전오염의 상태, 즉 완전한 죽음의 상태·희망이 없는 상태에 있었지만, 예수 그리스도를 만나고 알고 그분을 내 주님으로 영접하여 믿을 때, 그 예수님으로 말미암아 모든 훼손의 소성(蘇醒)·소생(蘇生)을 경험하는 완전한 회복, 곧, '재창조 모티프'(recreation motif)를 담고 있다는 점에 그 의의가 있다.

요한복음에 나타난 '물 이미지'는 하나님의 창조현장, 즉, 구약성경이 증언하는바 하나님의 약속[**언약**]과 그 시대를 살았던 사람들에게 주신 하나님의 말씀, 그리고 신약성경이 증언하는바 그 약속[**언약**]의 성취로 오신 예수 그리스도를 만나고 알고 믿음으로 말미암아 '생명'[**영생**]과 '새로운 시대'[**하나님 나라**]의 도래를 잇는 가교로 기능한다. 그리고 예수님을 만나 알고 "믿는 자"들을 '생명'[**영생**]과 '새로운 시대'[**하나님 나라**]에 초청하여 그것을 경험하게 이끄시며 변화시키셔서, '생명'[**영생**]과 '새로운 시대'[**하나님 나라**]에 참여하면서 영화로운 자리로 나아가도록, 완성의 길로 이끄시는 주 예수 그리스도의 구속사역과 성령의 중보사역을 드러낸다.

따라서 요한복음의 '물 이미지'는 요한복음을 이해하고 해석하는 데 반드시 필요한 요소이자 성경전체를 관통하는 중요한 맥(脈)으로 기능한다. 이는 '물 이미지'가 구약성경을 근간으로 한 사상과 의미의 확장·확충으로서 신약성경에, 그중 특히 요한복음에 집약되어 있기 때문이다. '물 이미지'는 거기 담고 있는 신학사상과 의미가 현대를 사는 모든 그리스도인의 삶에 그대로 적용된다는 점에서 매우 중요한 가치를 지닌다. 따라서 요한복음에 나타나는 '물 이미지'를 비롯하여, 성경에 등장하는 '물 이미지'는 마땅히 연구할 필요가 있다. 그럼에도, 요한복음 및 성경에 나타나는 '물 이미지'(Image of Water)를 집중적으로 연구한 박사논문은 하나도 없으며, 학술논문도 그리 많지 않다. 이는 실로 안타까운 현실이 아닐 수 없다.

끝으로, 필자는 앞서 본고의 한계와 미흡점을 언급한바, 이에 대하여는 차후 과제로 남겨놓기로 하겠다. 이를 위해서는 성경에 대한 통전적 접근과 통찰, 그리고 오직 성경에 근거한 본문주해와 면밀한 분석력과 직관이 요구되며, 무엇보다도 연구자의 성실한 태도와 끈기 있는 자세가 절실히 필요하다고 생각하는 바이다. 아울러 성경에 등장하는 '물' 또는 '물 이미지'에 관하여는, 성경의 문맥과 구조를 고려하며, 보다 통합적이고 깊이 있는 상호텍스트성의 분석과 주해 및 연구가 필요함을 제언하는 바이다.

약어표

AB	The Anchor Bible
ABD	Anchor Bible Dictionary
Bib	*Biblica*
BR	*Bible Review*
BTB	*Biblical Theology Bulletin*
CBQ	*Catholic Biblical Quarterly*
CLC	Christian Literature Crusade
DBI	*Dictionary of Biblical Imagery*
DCG	Dictionary of the Christ and the Gospels(Hastings)
DR	*Downside Review*
EDNT	Exegetical Dictionary of the New Testament
EQ	*Evangelical Quarterly*
ET	*Expository Times*
ExpTim	*The Expository Times*
HTR	*Harvard Theological Review*
ICC	*The International Critical Commentary*
Int	*Interpretation*
IDB	Interpreter's Dictionary of the Bible
IVP	InterVarsity Press
JBL	*Journal of Biblical Literature*
JR	*Journal of Religion*
JSNT	*Journal for the Study of the New Testament*
JTS	*Journal of Theological Studies*

JTS N.S	*Journal of Theological Studies(New Series)*
KJV	King James Version
NIC	New International Commentary
NIV	New International Version
NLT	New Living Translation
NovT	Novum Testamentum
NTS	*New Testament Studies*
OCD	Oxford Classical Dictionary
SBL	*Society of Biblical Literature*
SBLDS	SBL Dissertation Series
SBT	*Studies in Biblical Theology*
SJT	*Scottisch Journal of Theology*
ST	*Studia Theologica*
StEv	*Studia Evangelica*
TB	*Tyndale Bulletin*
TDNT	*Theological Dictionary of New Testament*(Kittle)
TS	*Theological Studies*
TT	*Theology Today*
WBC	Word Biblical Commentary

참고문헌

1. 기본자료

Aland, Kurt, & Black, Matthew, ed., *THE GREEK NEW TESTAMENT*, Deutsche Bibelgesellschaft United Bible Societies, 2010.

American Bible Society, *HOLY BIBLE : THE NEW KING JAMES VERSION*, N. Y., American Bible Society, 1990[1865].

김의원 외, 『좋은성경』, 서울: 성서원, 2007.

대한성서공회, 『영어개역표준판 : 신약전서』, 서울: 대한성서공회, 1995[1961].

2. 논저

김동수, ""인간의 생명과 죽음의 의미 : 요한복음 11:1-44을 중심으로"에 대한 논평", 『聖經과神學 : 한국복음주의신학회논문집』 제38권, 서울: 한국복음주의신학회, 2005.

김은배, "요한복음의 '영생'에 대한 연구 : 그 현재성과 미래성을 중심으로", 미간행 석사학위논문, 부산: 高神大學校 神學大學院, 1995.

배재욱, "요한복음이 말하는 영원한 생명에 대한 소고", 『선교와신학』 제14집, 서울: 장로회신학대학교 세계선교연구원, 2004.

윤종원, "요한복음의 영생개념 연구", 미간행 신학석사학위논문, 용인: 칼빈대학교 신학대학원, 2007.

이금만, "요한복음 영성교육 : 말씀이 사람되어 충만한 생명길을 보여 주신 예수 그리스도", 『기독교교육 : The Christian Education』 통권491호, 서울: 대한기독교교육협회, 2010.

이복우, "요한복음에 나타난 물의 신학적 기능과 의미", 미간행 석사학위논문, 수원: 합동신학대학원대학교, 2003.

_____, "요한복음에 나타난 물(ὕδωρ)의 신학적 의미와 기능 (1)", ≪신학정론≫ 제32권 제1호, 수원: 합동신학대학원대학교 출판부, 2014.

이재성, "갈등 구조를 통해 본 요한복음의 성령의 사역에 관한 연구", 미간행 철학박사학위논문, 평택: 평택대학교 대학원, 2005.

李彰根, "요한福音의 生命觀 연구", 미간행 신학석사학위논문, 서울: 總神大學校 大學院, 1991.

이창수, "요한복음에서의 영생 개념 연구", 미간행 신학석사학위논문, 용인: 칼빈대학교 신학대학원, 2008.

임진규, "요한복음 2장을 중심으로 한 표적의 개념과 첫 표적 연구", 미간행 석사학위논문, 용인: 칼빈대학교 신학대학원, 2013.

장동일, "요한복음의 물의 의미와 기능", 미간행 석사학위논문, 서울: 총신대학교 대학원, 2005.

조석민, "인간의 생명과 죽음의 의미 : 요한복음 11:1-44을 중심으로", 『聖經과神學 : 한국복음주의신학회논문집』 제38권, 서울: 한국복음주의신학회, 2005.

조재선, "요한복음에 나타난 초막절의 신학적 모티프 : '말씀'과 '성령'으로서의 '물' 모티프", 미간행 석사학위논문, 안양: 안양대학교 신학대학원, 2006.

최홍진, "요한복음의 구원에 관한 이해", 『神學理解』 제31집, 광주: 호남신학대학교 출판국, 2006.

한성권, "요한공동체의 예수와 생명 : 요한복음 6장 25-71절을 중심으로", 미간행 신학석사학위논문, 서울: 연세대학교 연합신학대학원, 2000.

3. 단행본

국내서

김기수 편저, 『헬라어 원문 직역 분해대조성경 : 요한복음』, 서울: 로고스, 2005.

김동수, 『요한신학 렌즈로 본 요한복음』, 서울: 솔로몬, 2006.

김득중, 『요한의 신학』, 서울: 컨콜디아사, 1994.

김세윤, 『요한복음 강해』, 서울: 두란노아카데미, 2013[2001].

김진수, 『개혁주의 신학해설사전』, 서울: 생명의말씀사, 1984.

김희권, 『하나님 나라 신학의 관점에서 읽는 모세오경 1』, 서울: 대한기독교서회, 2005.

박수암, 『요한복음』, 서울: 대한기독교서회, 2002.

박윤선, 『요한복음』, 서울: 영음사, 1981.

박형용, 『사복음서 주해』, 수원: 합동신학대학원 출판부, 1994.

성종현, 『신약총론』, 서울: 장로회신학대학교 출판부, 1992.

_____, 『신약성서의 중심 주제들』, 서울: 장로회신학대학교 출판부, 1998.

아가페성경사전편찬위원회, 『아가페성경사전』, 서울: 아가페출판사, 1991.

유도순, 『요한복음 파노라마』, 서울: 머릿돌, 2011[2008].

유상섭, 『설교를 돕는 분석 요한복음』, 서울: 규장각, 2003.

유은식, 『문학적 성경해석』, 서울: 솔로몬, 2002.

이승현, 『성령』, 용인: 킹덤북스, 2012.

이한수, 『신약의 성령론』, 서울: 총신대학교 출판부, 2000[1994].

임창일, 『신구약성경 길라잡이』, 시흥: 도서출판 지민, 2013.

제자원 편, 『옥스퍼드 원어 성경 대전 : 요한복음 제1-6장』, 서울: 제자원, 2002.

_____, 『옥스퍼드 원어 성경 대전 : 요한복음 제7-12장』, 서울: 제자원, 2002.

최갑종, 『최근의 예수 연구』, 서울: 기독교문서선교회, 1994.

_____, 『예수님의 비유』, 서울: 이레서원, 2013[2001].

한규삼, 『요한복음 다시 보기』, 서울: 아가페출판사, 2002.

황승룡, 『성령론 : 신학의 새로운 패러다임』, 서울: 한국장로교출판사, 1999.

현요한, 『성령, 그 다양한 얼굴』, 서울: 장로회신학대학교 출판부, 2002.

국외·번역서

Barrett, C. K., *The Gospel According to St. John*, Philadelphia: The Westminster Press, 1978.

Beale, G. K., 『신약성경신학 : 성경신학적·종말론적·주제별 연구 방식』, 김귀탁 옮김, 서울: 부흥과개혁사, 2013.

_____, 『신약의 구약 사용 핸드북』, 이용중 옮김, 서울: 부흥과개혁사, 2013.

Beasley-Murray, George R., *John*, WBC 36, Waco, Texas: Word Books, 1987.

_____, "요한복음", 『WBC 성경주석』, 이덕신 옮김, 서울: 솔로몬, 2001.

_____, "요한계시록", 『IVP 성경주석』, 김재영·황영철 역, 서울: 한국기독학생회출판부, 2011[2008].

Berkhof, Louis, 『벌코프 조직신학』, 권성수·이상원 역, 서울: 크리스챤다이제스트, 1999.

Brown, Raymond E., *Gospel According to John*, No. I, New York: Doubleday, 1966-1970.

_____, *An Introduction to the New Testament*, 『신약개론』, 김근수 · 이은순 공역, 서울: 기독교문서선교회, 2003.

_____, 『요한복음 개론』, 최홍진 역, 서울: 기독교문서선교회, 2010.

Bruce, F. F. & Millard, A. R., ed., 『새성경사전』, 김의원 · 나용화 역, 서울: 기독교문서선교회, 1992.

Bruce, F. F., 『요한복음 1』, 서문강 역, 서울: 로고스, 2009.

Bultmann, Rudolf, *Theology of the New Testament*, 2 vols., SCM Press, 1955.

_____, 『요한복음서연구』, 허역 역, 서울: 성광문화사, 1990.

Calvin, John, 『요한복음 I』, 존칼빈성경주석출판위원회 역편, 서울: 성서교재간행사, 1990.

_____, 『규장칼빈주석시리즈 : 요한복음 I』, 오광만 옮김, 서울: 규장, 2010.

_____, 『규장칼빈주석시리즈 : 요한복음 II』, 오광만 옮김, 서울: 규장, 2010.

Cole, R. Alan, "마가복음", 『IVP 성경주석』, 김재영 · 황영철 역, 서울: 한국기독학생회출판부, 2011[2008].

Cullmann, Oscar, *Early Christian Worship*, London: SCM Press, 1953.

Culpeper, R. Alan, *Anatomy of the Fourth Gospel : A study in Literary Design*, Philadelphia: Fortress Press, 1983.

_____, 『요한복음 해부』, 권종선 옮김, 서울: 요단출판사, 2011[2000].

Dodd, C. H., *The Interpretation of the Fourth Gospel*, Cambridge: Cambridge University Press, 1953.

Dunn, James D. G., *Unity Diversity in the New Testament*, London: SCM Press, 1990.

Fanning, Buist M., 『공동서신 신학』, 류current상 옮김, 고양: 크리스챤출판사, 2011.

France, Richard T., "마태복음", 『IVP 성경주석』, 김재영 · 황영철 역, 서울: 한국기독학생회출판부, 2011[2008].

Goldsworthy, Graeme, 『복음과 요한계시록』, 김영철 옮김, 서울: 성서유니온선교회, 2011[1991].

Guthrie, Donald, "요한복음", 『IVP 성경주석』, 김재영 · 황영철 역, 서울: 한국기독학생회출판부, 2011[2008].

_____, 『신약신학』, 정원태 · 김근수 공역, 서울: 기독교문서선교회, 1999.

Guthrie, Donald & Marshall, I. Howard, "요한복음", 오광만 역,『복음주의 성경핸드북』, 서울: 크리스챤다이제스트, 1991.

Harris, W. Hall,『요한의 신학』, 류근상 옮김, 고양: 크리스챤출판사, 2011.

House, H. Wayne,『차트 신약 : 연대표 및 배경사』, 박용성 역, 서울: 기독교문서선교회, 1996[1991].

Jones, Larry P., *The Symbol of Water in the Gospel of John*, Sheffield: Sheffield Academic Press, 1997.

Keener Craig S., "요한복음",『IVP 성경배경주석』, 정옥배 역, 서울: 한국기독학생회출판부, 2012[2008].

Koeaster, Craig R., *Symbolism in the Forth Gospel : Meaning, Mystery, Community*, Minneapolis: Fortress, 1995.

Köstenberger, Andreas J.,『요한복음 총론』, 김광모 옮김, 고양: 크리스챤출판사, 2005.

Kruse, Colin G.,『틴데일 신약주석 시리즈 4 : 요한복음』, 배용덕 옮김, 서울: 기독교문서선교회, 2013.

Kysar, Robert,『요한의 예수 이야기』, 최홍진 역, 서울: 한국장로교출판사, 1995.

Lightfoot, R. H., *St. John's Gospel : A Commentary*, Oxford: Clarendon Press, 1956.

Marshall, I. Howard, "누가복음",『IVP 성경주석』, 김재영 · 황영철 역, 서울: 한국기독학생회출판부, 2011[2008].

McGregor, L. John, "에스겔",『IVP 성경주석』, 임용섭 외 5인 역, 서울: 한국기독학생회출판부, 2011[2008].

Morris, Leon, *The Gospel According to John*, Grand Rapids: Eerdmans, 1989.

_____,『요한복음 상』, 이상훈 역, 서울: 생명의말씀사, 1990.

_____,『요한신학』, 홍찬혁 역, 서울: 기독교문서선교회, 2009[1995].

Motyer, J. Alec, "시편",『IVP 성경주석』, 임용섭 외 5인 역, 서울: 한국기독학생회출판부, 2011[2008].

Motyer, J. Alec, 외 3인 편,『IVP 성경주석』, 김순영 · 김재영 외 6인 역, 서울: 한국기독학생회출판부, 2011[2008].

Murray, John,『조직신학 II』, 박문재 역, 서울: 크리스챤다이제스트, 1991.

Osborne, Grant, 편,『LAB 주석 시리즈 : 요한복음』, 전광규 옮김, 서울: 성서유니온선교회, 2011[2005].

Peterson, Robert A., *Getting to Know John's Gospel*, Phillipsburg, New Jersey: Presbyterian and Reformed Publishing Company, 1989.

Pink, Arthur Walkington, 『요한복음강해』, 지상우 옮김, 고양: 크리스챤다이제스트, 2011.

Ryken, Leland, 『문학으로 성경을 어떻게 읽을 것인가』, 곽철호 역, 서울: 은성, 1996.

Smalley, Canon Stephen S., *John : Evangelist & Interpreter*, Exeter: Paternoster Press, 1998.

_____, 『요한신학』, 김경신 옮김, 서울: 생명의샘, 2014[1996].

Swete, H. B., 『신약 속의 성령』, 권호덕 역, 서울: 은성, 1986.

Turner, M. M. B., "성령", 『예수 복음서 사전』, 요단출판사 번역위원회 역, 서울: 요단출판사, 2013[2003].

Ng, Wai-Yee, "Johannine Water Symbolism" SBL 15, New York: Peter Lang, 2000.

Waltke, Bruce K., 『구약신학 : 주석적·정경적·주제별 연구 방식』, 김귀탁 옮김, 서울: 부흥과개혁사, 2012.

Walton, John H., 『차트 구약 : 구약 연대표 및 배경사』, 김명호 편역, 서울: 기독교문서선교회, 1992.

Walton, John H., Matthews Victor H. 외 2인, 『IVP 성경배경주석』, 정옥배 외 7인 역, 서울: 한국기독학생회출판부, 2012[2008].

Wenham Gordon J., "창세기", 『IVP 성경주석』, 임용섭 외 5인 역, 서울: 한국기독학생회출판부, 2011[2008].

Winter, Bruce, "고린도전서", 『IVP 성경주석』, 김재영·황영철 역, 서울: 한국기독학생회출판부, 2011[2008].

2부

빌립보서에 나타난 그리스도의 '마음' 연구

빌립보서에 가장 돌올하게 새겨진 내용은 하나님의 종 그리스도의 '마음'이다. 바울은 빌립보서 1장에서 4장까지, 그 마음을 담아내는데, 우선은 다소 객관적으로 자신의 심경을 밝히는 것에서 시작한다.

빌립보서에 나타난 그리스도의 '마음' 연구
- 빌립보서 1:8의 '심장'과 2:5의 '마음'을 중심으로

I. 들어가는 말

빌립보서는 사도 바울이 빌립보교회[1]에 보내는 서신이다. 서신이란 자기의 의사를 상대방에게 전하는 글을 말한다. 여기서 상대란 그 편지를 작성한 사람이 정한바, 특정한 대상을 가리킨다. 따라서 서신은 일반 대중을 상대하는 공개적인 글과는 다르다. 왜냐하면 편지는 그 수신자와의 관계를 바탕으로 해서 전개되는 이야기이기 때문이다. 하지만 빌립보서는 하나님의 영감된 말씀이라는 점에서, 수신자를 빌립보교회라고만 볼 수는 없다. 이는 하나님의 말씀이 그 때 거기 살던 사람들과 오늘 여기 사는 사람들을 향하여 선포되는 메시지

---

1) 사도행전에 의하면 빌립보교회는 루디아 가정에서 시작된 교회이다. 따라서 루디아 가정은 믿음의 전초기지였다고 해도 과언이 아니다. 이러한 사실은, 한 사람의 신앙이 얼마나 중요한지를 극명하게 드러낸다. 왜냐하면 복음이 루디아의 마음(중심)에 심겨짐으로써 점차 주변 또는 주변인에게 확산·전이되며 나타나는 말씀의 진작과 흥왕을 보여주기 때문이다.

이기 때문이다. 빌립보서의 1차 수신자는 빌립보교회이다. 빌립보교회라 할 때, 교회는 성도를 포함하는 개념이다. 이는 이미 에베소서에서 다룬바, 교회를 이루는 지체로서의 성도도 역시 교회라는 점에서 그러하다. 아울러 서신은, 여는 인사, 본문, 닫는 인사로 구성되는 글임을 생각해야 한다. 편지의 작성자 바울은 이 세 단계 형식의 글을 통하여, 자신의 인성과 하고 싶은 말을 나타내고, 수신자의 공감을 호소하고 있다. 이는 빌립보서뿐 아니라 바울서신 전체를 관통하는 하나의 맥으로 존재한다. 바울을 바울서신의 작성자로 만든 내용, 곧 바울을 사도되게 만든 내용을 다루고 있는 책은 사도행전이다.

사도행전은 신약성경에 유일하게 존재하는 역사서이자 누가의 두 번째 편지글이다. 누가는 당시 지식인의 표상이라 할 수 있는 데오빌로에게 두 번의 서신을 보냈다. 그 첫 번째 편지는 누가복음이었다. 누가복음은 예수께서 행하시며 가르치신 모든 일을 근원부터 차근차근 설명한 편지이다. 그리고 두 번째 편지인 사도행전은 누가복음에 기록한 그 모든 일의 진작(振作), 즉, 하나님의 아들 예수 그리스도께서 행하신 일과 가르치신 일의 부흥과 확산을 기록한 글이다. 저자 누가는 그 '일'의 진작을 사건중심으로 기록하였다. 따라서 바울서신은 누가복음과 사도행전의 연속선상에서 보아야 한다. 이는 이 책들이 편지글이라는 점, 예수 그리스도로 대변되는 복음의 능력에 대해 논하고 있다는 점을 공통으로 한다는 것, 그리고 광의적으로는,

사도 바울을 바울되게 한 인과론적 연결고리를 지니고 있다는 것을 인식한 필자의 소견에서 비롯된 견해이다. 이 편지글들은 모두 본문을 통하여 용건을 전하고 있다. 그중 바울서신서는 각 수신자(교회)에게 생긴 문제를 해결하기 위한 내용을 본문에서 다루고 있다. 필자가 볼 때, 그것은 문제해결의 과정이기도 하거니와, 다른 각도에서 보면, 교리의 정수이자 정립이다.

필자의 소견에 빌립보서에 가장 돌올하게 새겨진 내용은 하나님의 종 그리스도의 '마음'이다. 바울은 빌립보서 1장에서 4장까지, 그 마음을 담아내는데, 우선은 다소 객관적으로 자신의 심경을 밝히는 것에서 시작한다. 그러나 그 심정은 뜨거운 사랑을 내포한 그리스도의 마음에 다름아니다. 자기마음을 밝힌 바울은 그 마음을 받는 자들이 어떻게 변화되어야 하는가를 이야기한다. 그리고 그 변화가 어떠한 과정을 거치며 나타나는가를 논한다. 또한 그 과정이 그리스도인에게 주는 은혜와 평강에 대해 말하고 있다. 본고는 이러한 사항을 근거로 하여, 빌립보서에 나타난 하나님의 종 그리스도의 '마음'에 대해 천착하고자 한다. 이를 위해 우선 빌립보서 1:8의 '심장'과 2:5의 '마음'을 중심으로 하여 빌립보서의 구조를 서신적 · 수사학적 관점에서 분석하고, 이것을 다시 본문-언어학적 관점에서 조망하여 분석한 뒤, 그에 따르는 본문주해를 시도함으로써, 빌립보서에 나타난 신학적 의미를 고찰하고, 그것의 적용에 대해 논할 요량이다. 그러면

이제 빌립보서의 구조를 살펴보고 그에 상응하는 본문의 주제를 분석하기로 하겠다.

II. 구조와 주제

1. 구조

빌립보서는 네 개의 장으로 구성되어 있다. 1장은 편지를 시작하는 첫인사, 예수 그리스도의 종된 자신의 마음, 감사의 말, 기도, 2장은 하나님의 종된그리스도의 마음과 성도가 품어야 할 마음, 3장은 영에 속한 일에 대한 바울의 열심, 권면 또는 위로, 계획, 하늘의 시민권, 4장은 감사, 그리스도 마음의 능력, 끝인사, 축원의 내용을 담고 있다. 이러한 내용은, 우선 빌립보 사람들에게 자신의 근황을 알리는 것으로 시작하여, 에바브로디도를 통해 보내준 헌금에 감사를 표한 후, 교회 안에 발생한 내분의 원인을 분석하고 그에 상응하는 교리를 설명하는 것으로 이어지며, 교회의 하나됨을 권면하는 한편, 성도로 하여금 자족할 줄 알게 하는 그리스도 마음의 능력에 대한 것을 담고 있다.

혹자는 1:1에 근거하여, 이 편지의 작성자가 바울과 디모데라고 주장하기도 한다. 그러나 필자의 소견으로, 이 편지의 작성자는 사도 바울이며, 편지의 서두에 등장하는 디모데는 바울이 편지를 작성할 때 옆에 있었기 때문에, 바울이 그 이름을 자신의 이름과 함께 적은 것이라 추정된다. 빌립보서의 작성자 바울은 이 편지의 세 가지 단계 (첫인사-본문-끝인사)를 통하여 자신의 인성과 하고 싶은 말을 나타내고, 수신자의 공감을 호소하고 있다. 이는 빌립보서뿐 아니라 바울 서신 전체를 관통하는 하나의 맥으로 존재한다. 빌립보서를 서신적 관점에서 살펴보면, 그 구조는 다음과 같다.

> 여는 인사말(1:1-1:11) : 인사, 감사, 기도.
> 하고 싶은 말(1:12-4:13) : 자신의 근황, 철학, 권면 또는 위로, 계획.
> 닫는 인사말(4:14-4:23) : 감사, 인사, 축원.

이는 수사학적 관점으로 아래와 같이 나눌 수도 있겠다.

1:1-1:11 :	여는 인사말과 감사의 말, 기도의 말.
1:12-1:26 :	자기상황에 대한 보고와 차후 결의를 밝힘.
1:27-2:18 :	교회의 하나됨과 하나님의 의, 종말론적 신앙에 대한 교리를 논함.
2:19-2:30 :	자기 삶의 내용을 밝힘.
3:1-4:1 :	문제를 제기하고 그 쟁점에 대한 해석과 정의로 교훈함.
4:2-4:13 :	바람직한 교회상을 제시하고, 공감대 형성을 독려함.
4:14-4:23 :	감사의 말과 닫는 인사말, 그리고 축도로 그리스도인의 인성을 나타냄.

바울서신들은 레토릭을 통한 수사를 사용함으로써 수신자에게 자신의 의도를 드러내는 것이 많다. 이때 레토릭 요소(ethos, pathos, logos)들은 본문 안에서 유기적으로 작용하면서 상호보완적으로 기능한다. 이를 본문-언어학적 관점에서 조망하여 분석하면 그 대략은 이러하다.

1. 첫인사와 감사 : 1:1-1:11
   1:1-2 인사말
   1:3-7 감사와 확신
   1:8-11 기도
2. 자신의 근황과 복음의 진보 : 1:12-1:26
   1:12-1:18 자신의 근황
   1:19-1:26 복음의 진보
3. 종말론적 윤리의 필요성과 성화 : 1:27-2:18
   1:27-2:4 복음에 합당한 삶과 교회의 하나됨
   2:5-2:18 그리스도의 마음을 품은 삶의 내용과 성화
4. 구원의 비밀과 경건의 능력 : 2:19-3:9
   2:19-2:30 그리스도의 종 되게 하는 구원의 비밀
   3:1-3:9 복음으로 말미암는 경건의 능력
5. 온전한 성도와 바람직한 교회의 표상 : 3:10-4:9
   3:10-4:1 온전한 성도의 모습
   4:2-4:9 바람직한 교회의 표상
6. 교훈과 감사와 끝인사 : 4:10-4:23
   4:10-4:20 권면과 감사
   4:21-4:23 끝인사

2. 주제

자세한 내용은 Ⅲ장에서 다루겠거니와, 여기서 빌립보서의 주제를 간략히 언급하고자 한다. 바울서신은 말 그대로 서신들이며, 빌립보서 역시 편지글이다. 편지글은 본문을 통하여 용건을 전하고 있거니와, 그 용건이란 편지를 쓰도록 만든 그 일, 즉, 상대에게 생긴 문제를 해결하기 위한 내용을 담고 있게 마련이다. 따라서 빌립보교회2)에 생긴 문제들을 해결하기 위하여 편지에 담은 내용이 곧 빌립보서의 주제이다.

필자의 소견으로 빌립보서의 주제는 하나님의 종 그리스도의 '마음'이다. 그리스도의 마음은 빌립보서 전체에 새겨진 내용이자 내포된 의미이다. 바울의 편지는 이것을 우선 거시적 입장에서 자신의 심경(마음)을 밝히는 것으로 시작한다. 바울은 자신이 주 예수 그리스도의 종이라는 사실을 밝히고 있거니와, 그것은 자신의 심장이 하나님의 종으로 우리에게 오신 그리스도의 마음을 품은 데서 비롯되며, 그 보증이 하나님이심을 천명하고 있다. 그리고 점차 미시적으로 접근하여 그리스도의 마음이 지닌 성향과 능력에 대해 선포한다. 왜냐하면 그 '마음'은 중심에서 주변으로, 높은 곳에서 낮은 곳으로 향하

---

2) "빌립보서"는 보편적으로 기쁨의 서신이라 칭해진다. 헬라어명은 '프로스 필립페시우스'로 해석하면 '빌립보 사람들에게'이다. 이 서신은 통상적으로 '빌립보교회에 보내는 편지' 또는 '빌립보서'로 불려졌다. 본고는 특별한 의도가 없는 한, 이 편지의 수신자를 빌립보교회로 통칭할 요량이다.

는 것으로, 복음의 진보와, 성도의 온전케 됨과, 교회의 하나됨을 이루는 능력에 진배없기 때문이다.

그러면 이제 사도 바울이 그리스도의 마음을, 무엇을 중심으로 하여 어떻게 표현하고 있는지, 본문을 구체적으로 살펴보기로 하겠다.

III. 구조분석에 따른 본문주해

1. 첫인사와 감사와 기도 : 1:1-1:11

빌립보서는 옥중서신이다. 편지를 시작하면서 바울은 자신을 그리스도 예수의 종이라 칭하고 있다. 이는 자신의 사도성을 강조한 갈라디아서와는 대조적인 것으로, 바울이 빌립보교회를 얼마나 사랑하는지 생각할 수 있는 토대로 기능한다.[3] 바울은 여는 인사를 통해 빌립보교회가 사랑으로 풍성해지기를 기도한다. 이러한 인사법은 당시 통용하던 편지형식으로, 통상적인 인사에 자신의 신앙 및 사상을 추가하는 것이 보편적이었다.[4] 그 사랑은 지식과 함께 풍성해져야 하는데, 그 지식은 영적 분별력의 기저가 되는 통찰의 근원으로서의 지식이다. 바울은 그것을 '에피그노시스'[ἐπίγνωσις]라는 강조 어휘를 사용하면서, 그 지식을 세상의 일반적인 지식과 구별하고, 보

---

3) Moisés Silva, "빌립보서", 『바울서신』, 이상규 옮김(서울: 기독교문서선교회, 2012), 423-424면.

4) 김세윤, 『빌립보서 강해』(서울: 두란노아카데미, 2011[2004]), 22면.

다 수준 높은 지식으로 표현하고 있다. 이러한 바울의 기도는 빌립보 교회 성도들이 이미 바울의 '마음'에 들어있다는 데 근거한다(1:7).

바울에 의하면, 그의 마음은 곧 '예수 그리스도의 심장'이다. 우리 말 성경 1:8에 나타난 '예수 그리스도의 심장'은 흠정역을 비롯한 영어성경에 'the affection of Christ Jesus'로 표기되어 있으며, 여기서 '심장'으로 번역된 원어는 헬라어 명사 '스프랑크논'[σπλάγχνον][5]이다. 이 단어는 사람의 속, 즉 내장을 뜻한다. 그런데 위에 언급한바, 이미 바울의 마음에 들어있는 빌립보교회를 고려하면, 이 용어는 마음, 즉, 사랑, 애정 등을 내포하는 단어이며, 감정이 우러나는 자리이자 행위를 결정짓는 자리를 가리킨다. 주목할 것은, 이 문장(1:8)이 바울이 자신의 마음을 예수 그리스도의 심장과 동일시하면서 끝나는 것이 아니라는 점이다. 그는 자신과 예수 그리스도의 심장을 동일시하고 있을 뿐만 아니라, 그것의 보증이 하나님이시라 천명함으로써 이 문장을 창세기 31:44과 연결하고 있다.[6] 이는 바울의 이 문장(언사)이 하나님 앞에서 전혀 거리낌이 없음을 드러내는 내용에 다름 아니다.

---

5) '심장'은 '마음'의 표상이다. '마음'은 본시 말과 글과 삶의 기저로 존재하며, 빌립보 교회 사람들뿐만 아니라 하나님과 관계성이 있는 현대 그리스도인들의 지ㆍ정ㆍ의에 관련하여 균형과 조화를 이루게 하는 근원이자, 사람이 표출하는 모든 것들의 원산지이기 때문이다. 김세윤의 내장에 관한 설명도 결국 마음의 설명과 진배없으며, 내장이 같다는 말은 장기가 같다는 말, 곧 같은 사람이라는 의미를 내포하기 때문이다(김세윤, 앞의 책, 45면; 아가페성경사전편찬위원회, 『아가페성경사전』(서울: 아가페출판사, 1991), 431-433, 967면; 김진수, 『개혁주의 신학해설사전』(서울: 생명의말씀사, 1984), 198-200면 참조.).

6) Moisés Silva, 앞의 책, 425면.

2. 자신의 근황과 복음의 진보 : 1:12-1:26

예수 그리스도의 심장과 동일시된 바울의 마음은 빌립보교인들을 품고 있다(1:7). 이는 1:12 서두를 통해 더 확실히 드러난다. 12절은 빌립보교회 성도들을 부르는 호칭으로 시작하고 있는데, 이때 바울이 엄선한 호칭은 '형제들아'(1:12)이다. 호칭은 자신의 정체성을 드러내는 말이자 거기 모인 무리와의 관계를 결정한다. 따라서 '형제들아' 라는 칭호는 바울과 빌립보교회 성도들 간의 결속성을 드러내는 호칭이거니와,[7] 그 무리가 바로 이어지는 바울 서신의 직접적인 수신자임을 규정짓고 있다. 이어서 바울은 빌립보교인들에게 자신의 근황을 설명한다. 그것은 예수 그리스도로 인하여 옥에 갇힌 생활을 하고 있음을 알리는 것이요, 자신이 옥중생활이라는 열악한 환경에 처하게 된 것은 오히려 복음의 진보를 가져오는 결과를 낳았다는 내용이다. 그가 말하는 복음의 진보는 그리스도 예수와 그분의 사역이 널리 알려지는 것과 사도행전에 나타난 모든 일들의 진작과 확장 또는 확산을 의미하는데, 그것은 자신의 전도를 통하여, 그리고 옥에 갇히게 된 자신을 본 동료(형제)들의 전도를 통하여 이루어졌다.

그는 어려운 상황 가운데에서도 직면한 일들을 냉철하게 파악한다. 그것은 복음의 진보에 관여한 사람들의 태도와 동기에 관련되는 내용으로, 불순한 마음에서 비롯된 동기로 복음을 전하는 자들, 극진

---

7) 이는 곧 주 예수 그리스도(복음) 안에서 한마음·한뜻을 이루어야 하는 교회의 속성을 내포하는 칭호이다.

한 사랑과 선한 마음으로 복음 전하는 자들, 그리고 갇혀있는 바울을 더 괴롭히기 위한 마음에서 복음을 전하는 자들이 있음을 직시하는 것이다. 그러면서도, 바울은 그리스도가 전파됨을 기뻐하였다. 자신이 놓여있는 처지와 당하고 있는 고난은 그리스도 예수 안에서의 삶과 믿음의 진보에 비하면 아무것도 아니기 때문이다.[8] 주목할 것은, 복음의 진보는 언제나 교회의 하나됨과 말씀의 흥왕으로 나타난다는 점이다. 여기서 바울이 누리는 기쁨('카이레테', 기쁨 또는 인사)의 근원은 예수 그리스도가 존귀하게 되심에 있었다. 그는 그리스도 예수의 존귀하심을 드러내기 위하여 부끄럽지 않은 삶을 살고자 경주하였다.[9] 이때 바울의 문장은 그리스도보다 그리스도의 존귀하심에 초점을 두고 있는데, 그것은 자신의 삶이 예수 안에서 형제된 빌립보교인들의 기도와 성령의 도우심에 힘입은 담대한 삶이었으며, 살든지 죽든지 주 예수 그리스도를 높이는 생활이었다는 데 근거한다. 이는 곧 바울의 인생관을 드러내거니와, 바로 뒤 직설법(1:26)으로 이타적 삶의 필요성을 역설하는 바울의 마음과 연결된다. 그리고 그 마음은 그리스도를 높이며 그분을 따라 사는 마음이자 자신의 필요보다 남의 필요를 먼저 생각하고 채워주는 예수 그리스도의 마음으로 자연스럽게 귀결[10]된다.

---

8) Moisés Silva, 앞의 책, 426-427면.

9) 이는 종국에 이르게 될 영화의 향유와 연결된다(마 25:31; 고린도후서 5:9; 딤후 4:7 참조.).

10) "그리스도 예수 안에서"(빌 1:26). 이러한 결과는 1:8에 이미 언급한바, 바울의 마음

3. 종말론적 윤리의 필요성과 성화 : 1:27-2:18

주 예수 그리스도의 마음(복음)을 품음으로 말미암아 그분의 종된 바울의 마음은 곧바로 1:27-2:4로 이어진다. 이는 앞 절과는 다른 명령법으로, 빌립보교회를 향한 명령에 다름아니다. 그 명령은 "사람들의 일을 돌아보아 나의 기쁨을 충만히 하라"는 것이다. 앞서 성육신한 그리스도의 마음을 이타적 삶과 연결하여 자신의 인생관을 드러낸 바울은, 이제 빌립보교인들에게 바람직한 교회공동체로서의 생활을 제시하고 그렇게 살기를 청원한다. 그 첫 번째가 복음에 합당한 생활[11]이다. 합당하다는 것은 꼭 들어맞는다는 의미로, 예수 그리스도와 그분의 가르침에 적합하게 사는 것을 말한다. 이는 곧 천국시민으로서 영위하여야 할 삶의 모본[12]에 다름아니다. 바울은 그 삶이 교회의 하나됨으로 드러난다고 말하고 있다. 여기서 교회의 하나됨이란 예수 그리스도를 머리로 하고 온 교인들이 지체가 되어 이루어진 한몸으로서의 예배공동체를 가리킨다. 한몸으로서의 예배공동체적 삶[13]은 빌립보교회 성도들이 모두 한팀이 되어, 어떤 경주에 임하는 자세와 과정을 나타낸다. 그 경주는 어떤 목적을 달성하기 위

에 내주하시는 그리스도 예수의 마음에서 비롯된다.

11) 이때 '합당하다'는 말은 히브리어로 '합격하다'라는 뜻이다. 그러므로 복음에 합당한 생활이란, 복음을 기준으로 봤을 때 넉넉히 통과하여 합격할 수 있는 삶을 가리킨다(시 139; 요 14:15 참조.).

12) Francis Foulkes, "빌립보서", 『IVP 성경주석』(서울: 한국기독학생회출판부, 2011[2008]), 1720-1722면; 김세윤, 앞의 책, 80-94면; 롬 15:7; 고전 4:16; 11:1; 고후 8:9; 살전 1:6 참조

13) 김세윤, 앞의 책, 69-72면.

해 싸우는 전쟁이며, 나아가 반대편이 있음을 전제하고 있다. 본문의 문맥상 반대편은 복음을 반대하거나 거부하는 자들로 몸을 이룬 자들의 적을 가리킨다. 따라서 복음에 합당한 삶은 복음 그 자체이신 예수 그리스도 안에서 그분을 믿게 된 신앙인의 삶이자 도리이자 자세이다. 그리고 그것들을 결정짓는 것은 신앙인 한 사람 한 사람의 마음이다. 이 마음이 협력하고 협동할 때 복음에 합당한 삶을 이루고, 나아가 교회의 하나됨을 이루게 된다.

바울은 교회가 하나되는 방법을 주 예수 그리스도의 마음에 근거하여 설명하고 있다. 바울이 볼 때 교회가 하나되는 것은, 교회를 이루는 지체로서의 성도 한 사람 한 사람이 그리스도의 마음을 지니게 될 때 비로소 가능하다. 왜냐하면 그리스도의 마음은 그 마음 자체가 성도로 하여금 교회의 한몸을 이루도록 기능하기 때문이다. 이는 창세전에 택정된 자들에게 대속의 필요성을 아시고, 스스로 자기를 낮추시어 육신으로 오신 분이 주 예수 그리스도이시기 때문이다. 교회는 그리스도 예수를 신앙하는 공동체이자 그분의 지체이다. 이제 바울은 그리스도의 마음으로 사모하는 빌립보교회의 하나됨을 위하여 몇 가지 사항을 청하면서 동조를 구한다(2:2). 이는 우리말의 '권면'으로 번역된바, 호소하는 마음으로 간곡히 권하는 또는 원하는 내용에 다름아니다. 그것은 그리스도 안에 있는 권면이요, 사랑의 위로요, 성령의 교제요, 긍휼이나 자비를 내포한 마음으로, 빌립보교회 성도들이 각자의 마음에 품어야 하는 한 마음이자, 겸손하여 자기보다 남을 낮게 여기는 마음이요, 다른 사람의 일을 돌보는 마음, 곧 그리스도 예수의 마음이다. 그러므로 바울은 빌립보교인들에게 이 마음14)을 품으라고 종용하기에 이른다. 왜냐하면 이 마음은 3:17에서 4:13로 이어지는 능력의 마음이기 때문이다. 이 마음은 근본적으로 하나님의 본체이시나 그와 동등됨으로 여기지 않으시고 자리를 비워 하나님의 종이 되신 주 예수 그리스도의 모습으로 나타난다. 그리고 사도 바울 안에서 성도를 긍휼히 여기며 애틋한 사랑의 마음으로 돌보고, 그들을 위하여 기도와 권면을 쉬지 않게 하는 바울의 심장을 통해 발산된다. 이는 곧 하나님의 종으로 오신 그리스도를 본받아 그분을 자신의 전부로 받아들이고, 오직 복음의 종으로서 살아가는 사도 바울이 좇는 정신의 표상에 다름아니다.

　사도 바울이 2:5에 명시하고 있는바, 빌립보교회 성도들이 가져야 하는 마음은 곧 그리스도의 '마음'이다. 그 마음은 그리스도의 비하와 관련하여 그리스도의 겸손으로 대변되는 마음이고, 하나님이시면서도 하나님의 형상을 스스로 포기하시고, 인간의 몸을 입고 스스로 대속제물이 되고자 성육신하신 마음이다. 그리고 온갖 고초를 다 받으시고 견디신 후, 십자가에 달려 죽기까지, 하나님 아버지께 순종하신 종의 마음(2:7)이다. 이는 곧 선지자 이사야가 예언한바, 고난의

---

14) 빌 2:2-4, 6-18.

종으로 오신 하나님의 어린양 주 예수 그리스도의 마음이다.15) 한편 그 마음은 이 순종으로 말미암아 하나님께서 일으키시고 높이신 마음이요, 모든 자의 주가 되게 하심으로 하나님께서 영광을 받으신 종의 마음16)이다. 6절부터 이어지는 바울의 찬송시17)는 11절에서 마무리된다. 그것은 '그리스도의 마음'을 노래한 것으로, 2:1-2과 연결되면서 겸손히 종이 되신 그리스도를 찬양하며 영광 돌리는 내용이다. 12절의 '그러므로'라는 접속사는 이 찬송시의 주제를 다음 내용과 연결하고 있는바, 바울은 그것을 빛이라 규정하신 성도의 삶, 즉, 성화와 관련하여 서술하고 있다. 이는 그리스도인의 성화와 긴밀한 관계를 맺고 있는 종말론적 윤리의 필요성과 직결되는 내용으로, 모든 성도가 "두렵고 떨림으로" 이루어내야 하는 구원의 내용을 함의하고 있다. 그런데 여기서 바울이 말한바, 그리스도의 마음을 품는다는 것은, 그리스도의 마음을 고스란히 지니게 되는 것, 즉, 훈련을 거쳐 육화되는 것을 뜻한다.

신자의 신앙은 그의 말과 행실로 드러나게 마련이다. 따라서

---

15) 사 52:13-15; 요 8:9.

16) 빌 2:6-11. 요 1:14, 16; 고전 15:22-28 참조.

17) 빌립보서 2:6-11은 이미 많은 학자들에 의하여 그리스도 찬송시로 규정된바, 장석조 교수도 그의 논문을 통하여 이 찬송시(빌 2:6-11)와 그 전후문맥(2:5, 2:12-18)에 천착함으로써, 종말론적 윤리의 근거와 기능을 논한바 있다. 한편, Francis Foulkes에 의하면 이 부분은 골로새서 1:15과 조화를 이루는 구절이며, 하나님의 형상을 나타내는 기독론을 내포하고 있다(장석조, "빌립보서 2:5-18에 나타난 종말론적 윤리의 근거와 기능", 『신약연구』 제6권 제1호(서울: 한국복음주의신학학회, 2007), 83-122면; Francis Foulkes, 앞의 책, 427-430면 참조.).

2:6-11의 그리스도의 마음을 품은 자는 하나님 사랑의 근거이신 예수 그리스도의 신적 신분과 성육신으로 말미암는 그분의 체휼하시는 그분의 마음과, 하나님에 대한 순종과 신뢰로 행하시는 그리스도의 능력으로 말미암아 좋은 소원을 갖고 살아가게 된다. 이 소원은 어떤 일을 행할 때 원망과 시비가 일어나지 않도록 남을 배려하는 마음과 흠이 없고 순전한 행실로 인하여 빛나는 혹은 주위를 밝히는 빛으로서의 삶으로 드러나며, 결국은 생명의 말씀을 밝히는 빛으로 기능한다. 여기서 생명의 말씀이란 주 예수 그리스도 곧 복음을 가리키는데, 이 복음을 밝히 드러내어 높이는 삶은 신자의 소원에 근거하여 표출되는 언행을 통하여 이루어진다는 말이다. 사도행전에 의하면, 초대교회의 종교적 경험과 삶(말과 행실)의 핵심으로 자리잡은 경건의 능력[18]도 모두 여기서 비롯되었다. 또한, 바울은 빌립보교회 성도들의 성화가 마지막 날에 자신의 자랑과 기쁨[19]이 될 것이라 이야기한다. 이는 종말론적 윤리의 필요와 근거로 기능하는 복음 앞에서, 신자들이 이미 누리고 있는, 그러나 완성된 것은 아직 아닌, 그리스도 날(마지막 날)[20]의 도래에 관한 모든 내용을 함축적으로 표현한 글이기도 하다. 장석조 교수는 "빌립보서 2:5-18에 나타난 종말론적 윤리의 근거와 기능"을 통하여 신자의 구원에 관한 내용을 여러 학자

---

18) 딤전 3:15-16.

19) 바울은 2:18을 통해 그 '마음'의 상태를 3:9을 거쳐 4:7로 연결시키면서, 신자의 평강과 기쁨이 그들이 품은 주 예수 그리스도의 마음에서 비롯된다는 사실을 드러내고 있다.

20) 빌 2:16.

들의 견해와 자신의 견해를 비교 · 대조하면서 논하고 있는데, 그것을 한 문장으로, '그리스도인의 정체성 유지와 완성, 즉, 성화를 위해 종말론적 윤리는 필수요소이다.' 라고 바꿀 수 있겠다. 종말론적 윤리는 그리스도인의 삶에서 뿐만 아니라 그에게 주어지는 모든 만남을 통하여, 사람을 통하여 실행되면서 성도의 삶을 구별하는 기준으로 작용한다. 또한 이 윤리는 만나는 사람을 파악하고 이해하여 그 사람과 한데 섞임으로써 복음을 공유할 수 있는 잣대로 기능한다. 이는 복음에 합당한 삶과 교회의 하나됨을 이루어내는 근거로 존재한다.

4. 구원의 비밀과 경건의 능력 : 2:19-3:9

그리스도인의 정체성을 유지하게 하고 완성하게 하는 종말론적 윤리의 기저는 그리스도의 마음이다. 그리스도의 마음은 2:5에서 선포한바, 성도들이 마땅히 품어야 하는 마음이다.[21] 바울은 이 '마음'을 '프로네이테'[φρονεῦτε]라는 단어로 표현하고 있다. 이는 겸손한 정신과 태도의 근원이자, 본성으로서의 심성 또는 인성을 가리키며, 섬기는 자로 오셔서 선행의 모본[22]이 되신 그리스도의 비하와 승귀를 통해 나타나는 '그리스도의 마음'이다.[23] 바울에 의하면, 이

---

21) 롬 15:7; 고전 4:16; 11:1; 고후 8:9; 살전 1:6 참조.

22) 본고의 각주 8) 참조.

23) 이는 바울의 목회서신에도 잘 드러나 있는바, 모든 그리스도인의 정신적 표상이자, 기독론의 정수에 다름없는 주 예수 그리스도의 인격이다. 이 인격은 그리스도인의 정체성이거니와, 하나님 사랑의 확증으로 인간의 몸을 입고 오셔서 성취하신 하나

마음은 그리스도를 본받아 사는 성도의 마음이자 능력의 터로 존재하여야 한다.[24] 따라서 바울은 이제 자신의 일상과 계획 그리고 바람이 그리스도 안에서 정립되고 행해지며 준비되고 있음을 밝힌다. 그리고 빌립보교회에 보내는 자신의 사람, 디모데와 에바브로디도를 주 안에서 존귀하게 영접할 것을 지시한다. 이는 주 안에서 그들이 이미 형제라는 점에 기인하고 있다. 따라서 이 내용은 자연스럽게 3:1로 연결된다.[25] 그리고 바로 뒤에 나오는 빌립보교회의 문제와 미묘한 대조를 이루며, 편지는 전개된다. 그것은 편지의 수신자에게 하고자 한 사도 바울의 용건이자, 빌립보교인들이 확실히 붙들어야 하는 지식에 다름아니다. 바울은 이 내용을 다시 4:4로 연결하여 강조함으로써[26] 서신의 종결부에서 기쁨[27]의 근원이 그리스도의 마음임을 분명히 하고 있다.

님의 구속역사의 보증이 된다. 이 보증은 오늘날 그리스도인에게 종말론적 윤리의 필요성을 극명하게 드러내고 있다.

24) 이는 곧 그리스도 마음이 지닌바, 그 능력으로 말미암아 형제애로 표출되게 마련이다. 이 마음은 하나님의 택하심을 받은 바의 마음이며, 상태적으로는 자기중심적인 삶에서 주변과 주변인을 더 걱정하는 마음으로 변화를 받아 긍휼, 자비, 겸손, 온유, 오래 참음으로 옷 입은 태도로 표방되며, 주 안에서 항상 기뻐하는 삶의 지속으로 복음의 확산을 가져오는 종의 마음이다. 그래서 바울은 "크도다 경건의 비밀이여" 하며 감탄하였다 (빌 2:26; 렘 31:20; 31:26; 눅 1:78; 고후 6:12; 7:15; 골 3:12; 딤전 3:15-16 참조.).

25) "주 안에서 기뻐하라"

26) "주 안에서 항상 기뻐하라"

27) 이 기쁨은 세상적인 영욕에 의한 것이 아니라, 오직 하나님(그리스도 예수의 마음과 그 능력으로 인한 복음의 확장, 그리고 성도의 온전함과 교회의 하나됨을 친히 이루심)에 의한 것이다(합 3:16-19.).

이 지식은 편지의 서두에서 사랑과 함께 풍성해져야 하는 지식으로 제시된바, 영적 분별력의 기저가 되는 통찰의 근원으로서의 지식을 말한다. 이 지식에 올곧게 서야만 신자는 그리스도 안에서 지속적인 기쁨을 누리게 되고, 그리스도인다운 삶을 살게 된다. 여기서 바울이 제시한 지식으로 터득하는 것은 분별력이다. 바울은 빌립보교인들이 그 지식으로 허탄한 것을 좇으며 허랑방탕한 삶을 살면서도 아무 때나 아무나 공격을 가하는 개 같은 자들을 분별할 필요가 있다고 지적한다. 그들은 십자가를 거부하는 자요, 대적하는 자이기 때문이다. 또한, 바울은 빌립보교인들에게 행악하는 자들과 몸을 상해하는 일을 삼가고, 몸의 할례를 중시하는 자들을 분별해야 할 필요성을 말한다. 이를 위해 바울은 자신이 사도가 되기 이전의 삶을 드러내고, 그리스도 안에서, 그리스도를 위하여 그 모든 것들을 배설물로 여긴다고, 자신의 마음을 노정시키고 있다.[28] 그 마음은 그리스도를 얻고 그리스도 안에서 발견되고자 하는 신앙인의 마음이요, 복음 곧 그리스도를 믿는 믿음으로 말미암는 마음이다. 그리고 무엇보다도, 그 마음은, 하나님께로부터 나온 것, 즉, 하나님의 의이자 마음[29]이다.

---

28) 김세윤, 앞의 책, 119-128면.

29) "그 안에서"(빌 3:9). 이는 곧 구원론(교리)을 드러내는바, 구원의 서정 가운데 의인됨(칭의)을 뜻하는 것으로, 바울은 삼위일체 하나님의 경륜적 구속사역 가운데 구속의 기구(말씀)로 역사하신 그리스도(기독론)와의 신비한 연합을 근거로 하여 신자된 자들에 대한 구원(칭의)을 가르치는 내용에 다름아니다(김세윤, 앞의 책, 127-134면; Moisés Silva, 앞의 책, 429면 참조.).

5. 온전한 성도와 바람직한 교회의 표상 : 3:10-4:9

이제 바울은 세상적인 지식과 가문 등의 자랑거리가 하나님 앞에서 아무것도 아님을 고백한 뒤, 자신의 삶의 방향성을 밝히 드러낸다. 그것은 예수 그리스도의 죽으심을 본받는 겸손한 삶으로, 오직 예수 그리스도께 사로잡혀 사는 생활이다. 그 생활은 중심에서 주변으로 확산되고, 높은 곳에서 낮은 곳으로 임하여 섞여 사는, 자족하는 삶의 태도로 나타난다.[30] 이러한 삶의 자세는 뒤의 것을 잊어버리고 오직 앞을 보고 내달리며 경주하는 모습으로 드러난다.[31] 이것은 다시 성화의 과정으로 연결된다. 그렇다면 바울은 왜 그리스도인의 삶의 종국과 바람직한 교회의 표상을 성도의 성화와 연결짓는가. 그것은 자신이 본받은 그리스도께서 온전한 성도들이 이루는 몸된 교회의 머리이시기 때문이다. 바람직한 교회는 성도의 하나됨으로 이루어진다. 성도는 그리스도의 마음을 품을 때 하나가 된다. 그리스도의 마음은 지극히 겸손하여 자신을 낮추며 기다리는 마음이요, 이타적 행실의 근원이 된다. 이로 인하여 그리스도의 마음과 합한 자신의 마음 역시 빌립보교인들을 자기 몸을 사랑함과 같이, 그리스도께서 교회를 사랑하심 같이 사랑하게 된 것이다. 따라서 바울은, 그리스도를 본받기 어려우면 먼저 자신을 본받으라고 말한다. 그러면 자기 안에 가득 찬 그리

---

30) "내게 능력주시는 자 안에서 내가 모든 것을 할 수 있느니라"(빌 4:13).
31) 김세윤, 앞의 책, 134-140면.

스도의 마음이 그들에게 흘러가 결국에는 그들을 채울 것이고, 그들의 마음이 그리스도의 마음으로 변형될 것이라 믿기 때문이다.

성도의 마음이 그리스도의 마음으로 채워지면 그 사람은 사도 바울처럼 예수 그리스도의 심장을 갖게 된다(1:8). 그러면 교회는 기쁨과 평강으로 채워지게 마련이다. 왜냐하면 기쁨과 평강은 그리스도의 마음(2:5-11)에서 비롯되기 때문이다.[32) 온전한 신앙은 주 안에서 늘 기쁨을 누리는 삶과 신자의 관용을 통하여 드러나며, 세상살이에서 비롯되는 모든 염려와 근심을 하나님께 내어놓고, 하나님께서 그것을 마땅히 해결하여 주실 것을 믿고 기도함으로써 얻게 되는 마음이다. 이 마음은 예수 그리스도 안에서 여일한 기쁨의 상태를 유지하게끔 하는 마음의 현상이자, 그 마음의 기능이다.[33) 여기서 현상 또는 기능이라 함은 그리스도의 마음이 우리의 마음과 생각에 친히 관여하셔서 우리의 전인격을 평강으로 인도하시고 보호하시는 마음의 능력[34)을 가리킨다. 그 능력은 그리스도를 통하여, 그리스도 안에

---

32) 앞의 책, 154-156면; 본고 각주 23) 참조.

33) 빌 3:1; 4:4.

34) 빌 4:4-9, 13. 필자의 소견에, 이 부분은 바울의 신앙과 인격의 변화를 극명하게 표현한 내용에 다름아니다. 에베소서를 통해 예수 그리스도를 머리로 하고 한몸을 이룬 지체로서의 교회를 논하고, 온 성도들이 그리스도의 몸으로서 합당한 성화의 과정을 설명했던 바울은, 여기 빌립보서에서, 그 과정의 결과가 자족할 줄 아는 생활로 이어져 나타나게 된다는 점을 자기 삶을 예시하며 피력하고 있다. 사도 바울의 인간성 즉 신앙인격의 이러한 변화는 물론 성령 하나님의 도우심으로 말미암는다. 하지만 날마다 자신을 주님의 말씀 앞에 복종시키는 자성과 각성의 시간을 통하여 스스로 얼마나 훈련했겠는가를 생각할 때에, 오늘날 직면하고 있는 교계의 상황과 그리스도인들의 삶, 그리고 필자의 생활을 들여다보지 않을 수 없게 된다. 필자의

서, 그리스도와 함께 임하신다. 이는 곧 성도의 마음과 생각을 주관하시는 복음의 내밀한 운동이다. 바로 여기에 경건의 비밀이 있다.[35]

즉, 그리스도의 마음은 결국, 그리스도인으로 하여금 자족[36]할 수 있는 힘을 지니게 한다. 남녀노소 · 빈부귀천을 막론하고, 자신이 처한 모든 상황 앞에서 하나님의 기뻐하시는 일을 할 수 있게 한다. 그 힘은 교회의 중심에 위치할 뿐 아니라 성도의 중심에 인체의 심장처럼 위치한다. 사도 바울은 4:7에서 '마음'에 해당하는 단어로, 수많은 헬라어 명사 중에서 '카르디아'[καρδία]를 엄선하여 기록하고 있다. '카르디아'는 고린도전서 4:5에서 사용된 '마음'에 다름아니다. 그것은 독생자 예수 그리스도를 통해 계시하신 하나님의 '뜻'이요 '계시'의 내용이기도 하다. 이 하나님의 종으로 오신 그리스도의 마음은 성도에게 평강을 주시고, 성도를 지키시고, 성도의 길을 인도하시며, 사랑의 일을 하시는 마음을 대변한다. 이 마음은 오직 믿음으로 얻을 수 있는 마음이자, 교회를 하나되게 하고 성도를 온전하게 하는 능력의 원천, 즉, 주 예수 그리스도의 마음[37]이다. 이는 곧 성도의

소견에, '자족'은 '절제'로 다져진 삶에서 나오는 최상의 인격이요 생활이다. 자족은 물질의 있고 없음을 떠나, 남들이 자기 자신을 전혀 인정하지 않으려 하는 상황 앞에서 어떻게 반응하는가를, 상대방을 어떻게 대하는가를 통해서 드러나는 신앙의 분량이라 생각하기 때문이다. 이러한 빌립보서의 내용은 고스란히 골로새서로 이어진다.

35) "크도다 경건의 비밀이여"(딤전 3:15-16).

36) Moisés Silva, 앞의 책, 431-432면.

37) "내게 능력 주시는 자 안에서"(빌 4:13).

정체성(생명)을 유지시키는 내장, 즉, 예수 그리스도의 심장이다. 이 심장은 끊임없이 운동하여 복음 안에서 자족하는 능력을 지니게 하고, 복음의 종으로서 살 수 있도록 성도를 고무하는 능력의 원천이다.

6. 권면과 감사와 끝인사 : 4:10-4:23

하고 싶은 말을 마친 바울은 이제 그의 관행대로 이 서신서의 매듭을 짓는다. 그것은 그간 빌립보교회가 보내준 선물에 대한 감사와, 주 예수 그리스도의 마음을 품어 의로워진 빌립보 성도들과 그 마음의 능력으로 인하여 하나됨을 이룬 빌립보교회에 대한 감사, 그리고 그 모든 결과의 근거이시자 능력이신 마음 곧 하나님의 종 되어 우리를 대속하신 주 예수 그리스도(복음)의 은혜가 충만하기를 기도하는 내용을 골계로 한다. 그리고 이 마음의 능력으로 말미암아 자신이 지니게 된 거룩[38]과 자족[39]의 비결 또한 강조하고 있다. 이 편지는 결국, 자신이 로마감옥에 갇힘으로써, 복음의 종으로서 자신이 지닌 그리스도의 마음, 즉, 하나님의 종으로서 오신 그리스도 예수의 마음이 로마의 심장(중심)에 심겨졌음을 나타낸다. 그리고 그것은 높은 하늘의 보좌를 버리고 낮은 곳으로 임하신 그리스도의 마음(복음)이 지닌 방향성으로

---

38) Moisés Silva, 앞의 책, 431-432면. 여기서 바울이 사용한 용어는 제사장적 언어인 '레이투르기아'(예배)인데, 이는 오늘날의 자신의 목회자 직분과 상태를 드러내는 말에 다름아니다.

39) 김세윤, 앞의 책, 178-179면.

말미암아 점차 중심(로마감옥의 바울, 바울의 심장)에서 주변으로 확산되고 전이될 것임을 시사한다.[40] 그것은 바로 바울의 주변인인 로마인에게서 로마인의 주변 곧 로마 전 영역으로 확산됨을 의미하는바, 오늘을 사는 내가 품은 마음이요, 그 마음의 운동으로 인하여 성화되는 그리스도인의 마음이요, 그 마음 안에서 만나는 성도의 마음이자, 그 마음을 중심으로 한몸을 이루는 마음이다. 그 마음은 오늘날 바람직한 교회의 토대이시며 성도의 삶에 윤리적 근거가 되시는 주 예수 그리스도의 마음 곧 복음(성자; 하나님의 말씀)에 다름 아니다.

IV. 빌립보서에 나타난 신학과 의미

지금까지 살펴본바, 예수 그리스도(복음)의 종 사도 바울의 편지인 빌립보서는 하나님의 종 그리스도의 '마음'을 구체적으로 나타내고 있다. 그것은 그리스도의 비하와 승귀를 통해 매우 확실하게 드러나거니와, 삶을 대하는 온전한 성도의 마땅한 자세이자 태도로 제시되며, 예수 그리스도를 머리로 하고 한몸을 이룬 바람직한 교회의 표상으로도 제시되고 있다. 사도 바울은 그리스도의 성육신을 강조함으로써 성도의 마음에 그리스도의 삶과 사역을 상기시키고, 이를 통

---

40) 오늘날 복음의 확산과 전이는 각 나라의 문화를 넘어, 각양각색의 교차문화 속에서 복음의 종된 자들을 통해 증언되며, 그 내용은 모든 성경이 지닌 내적 증거와 외적 증거를 통해 중심에서 주변으로 향하는 방향성을 지니고, 수용과 저항을 통해 이루어진다(김세윤, 83-100면 참조.).

해 성육신하신 그리스도의 마음을 품을 때 비로소 성도가 성도답게 되고, 교회가 교회답게 된다고 말한다. 이는 전적으로 기독론에 기초한 내용으로, 보다 바람직한 교회의 상과 성도의 상을 이루는 것이 그리스도의 마음을 품을 때에야 비로소 가능하게 된다는 말이다. 그런데 사도 바울이 예수 그리스도의 마음을 설명한 시구는 그리스도의 마음을 품을 수 있게 하는 보편적인 울타리를 보여주고 있다. 그것은 종말론적 윤리이다. 종말론적 윤리는 성도의 성화를 위하여 꼭 필요한 법적 틀로 작용하며, 성도로 하여금 그의 정체성을 유지하는 것과 완성해 나가는 것에 필수적 요소로 제시된다. 따라서 빌립보서는 종말론을 다루는 내용이기도 하다. 종말론은 구원론을 전제한다. 따라서 구원론도 배제할 수 없다.

구원은 그리스도 안에서 성도를 지키시는 사랑 곧 하나님 아버지의 마음을 전제한다. 성부 하나님께서는 창세전에 성도를 택정하시고, 그리스도와 연합한 그들의 신앙과 성숙, 성화를 독려하신다. 이때 성령의 사역이 동원된다. 성령 하나님은 그리스도의 나심과 사심, 그리고 죽으심과 부활하심, 또한 다시 오심을 믿는 성도를 도와 그들의 믿음을 견고히 하며, 그들이 그리스도의 마음을 품고, 그리스도를 본받아 사는 삶을 경주할 수 있도록 도우신다. 따라서 빌립보서는 신론을 포함하여, 삼위일체 하나님의 사역을 다루고 있다. 이 가운데 바울이 가장 크게 부조한 내용은 기독론, 구원론, 종말론이다. 성도는 어디서 무엇을 하든 삼위일체 하나님의 동역하심과 섭리하심 안에서 그 삶의 연장과 지속을 경험한다. 삶을 통해 드러나는 그리스도인의 삶은 그리스도의 마음으로 표출된다. 그 마음은 상대를 자신보다 낫게 여기며 지극히 낮아지는 마음이며, 서로를 존중히 여기고 긍휼히 여기는 마음이다. 또한, 그리스도를 전하는 것이요 복음 맡은 자로서의 삶으로 나타난다. 그 삶은 서로 마음을 합하여 한몸을 이룬 지체로서 그리스도의 뜻에 순종하는 신앙생활, 교회생활로 대변되며, 그것을 통해 하나님께 영광을 올려드리는 삶이다. 오늘 우리는 어떠한가. 말씀을 거울삼아 자신을 들여다보고 자성의 시간을 가져야 하겠다.

V. 나가는 말

지금까지 살펴본 바에 의하면, 빌립보서에 가장 돌올하게 새겨진 내용은 하나님의 종 그리스도의 '마음'이라 사료된다. 바울은 성령에 이끌린바 되어 자신의 선험적·문학적 경험을 동원하여, 그 마음을 빌립보서에 새겨놓았다. 이는 빌립보서의 내용이 객관적으로 복음(예수 그리스도)의 종이 된 자신의 심경(1:8)을 밝히는 바울의 인사, 즉, 거시적인 관점에서 시작하여, 자신의 '심장'(심경 혹은 마음)을 하나님의 종 되어 우리에게 오신 그리스도의 '마음'과 동일시함으로써, 종국에는 모든 성도가 품어야 하는 '마음'이 그리스도의 '마음'이라는 점을 밝히고 있다는 데 근거한다. 그리고 그 마음을 받은 자들이 어떤 삶의 모습을 지녀야 하는지를 주 예수 그리스도의 비하를 설명함으로써 교훈하고, 보다 미시적으로 접근하여 그 마음(2:6-11)을 품은 자들의 언행, 그 결과를 논하고 있다.

신자의 언행은 복음에 합당한 삶을 표방하게 되며, 교회의 하나됨을 드러내게 된다. 또한 그리스도인은 예수 그리스도를 믿음으로 말미암아 예수 그리스도 안에 거하거니와, 보다 구별된 지식과 사랑을 알아감으로써 성화의 과정을 거치게 된다. 성도의 성화는 종말론적 윤리, 즉, '이미'와 '아직 아니' 사이의 긴장과 각성을 동반하는 삶의 준거틀로서의 복음을 준수하는 것과 육체적인 할례와 삿된 마음이 섞인 열정을 분별하는 것을 기본으로 하여 지속적으로 지켜 나아가야 하는 성도의 삶의 과정으로 나타난다. 그리스도의 마음은 상대방을 긍휼히 여기고 진정으로 아끼며 사랑하는 심정으로 시작하여, 바울 자신의 마음을 채우고 있는 마음이다. 그 마음은 모든 성도가 품어야 하는 마음이요 몸된 교회를 이루게 하는 능력으로 작용한다. 이 마음은 성도로 하여금 상대에게 관용을 베풀게 하고, 마땅히 분별할 것을 분별하게 하며, 그리스도의 것과 아닌 것을 구분할 수 있는 능력이다. 이 능력의 결국은 교회의 기쁨과 평강을 지속시키고, 모든 성도로 형제가 되어 하나가 되게 하며, 성도의 마음과 생각을 지켜 하나님의 영광을 드러내도록 기능한다.

현대를 사는 우리도 이 마음을 품어야 한다. 우리의 맥(숨)이 주님의 맥(숨)과 일치하여야 한다. 말만 앞세우는 것이 아니라, 마땅히 하나되어 근자에 횡행하는 사탄의 세력이 틈타지 못하게 해야 한다. 공동체의 분열과 균열을 야기하는 일을 삼가야 하고, 모든 사람에게 관용을 베풀어 덕을 세워야 한다. 그것은 우선 상대를 존중하고 서로의 허물을 덮어주는 일, 주어진 일에 최선을 다하여 임하는 태도, 공손한 인사와 어투 등등의 마음으로 표출되어야 한다. 필자는 이러한 태도 여부가 그리스도의 마음을 얼마나 품었는가, 즉, 그리스도의 심장과 얼마나 동일해졌는가와 전적으로 관련이 있다고 생각한다. 왜냐하면, 참된 그리스도인의 믿음과 행위는 예수 그리스도의 종된 사도 바울이 그러했듯이, 하나님의 종 그리스도의 '마음'을 근간으로 하기 때문이다.

요컨대, 본고는 빌립보서 1:8의 '심장'과 2:5의 '마음'을 중심으로 하여, 빌립보서에 나타난 '그리스도의 마음'에 대해 천착하였다. 이를 위해 필자는 우선 빌립보서의 구조를 서신적 · 수사학적 관점에서 분석하고, 이것을 다시 본문-언어학적 관점에서 조망하여 분석한 뒤, 그에 따는 본문주해를 시도함으로써 빌립보서에 나타난 신학적 의미를 고찰하고, 그것의 적용에 대해 논하였다. 끝으로, 본고는 여러 가지 미흡점과 한계를 지니고 있을 것이라 사료된다. 이는 성경지식의 미약함과 신학적 천착의 일천함, 즉, 필자의 부족함에 기인하는 것으로, 앞으로의 공부와 연구를 통해 보완되리라 믿는다.

참고문헌

기본자료

성경

American Bible Society, *HOLY BIBLE : THE NEW KING JAMES VERSION*, N. Y., American Bible Society, 1990[1865].

대한성서공회, 『영어개역표준판 : 신약전서』, 서울: 대한성서공회, 1995[1961].

김의원 외, 『개역개정판 좋은성경』, 서울: 성서원, 2007.

사전류

아가페성경사전편찬위원회, 『아가페성경사전』, 서울: 아가페출판사, 1991.

J. A. 모티어 외 3인 편, 『IVP 성경주석』, 김순영 · 김재영 외 6인 역, 서울: 한국기독학생회출판부, 2011[2008].

보조자료

국내서

김세윤, 『빌립보서 강해』, 서울: 두란노아카데미, 2011[2004].

김진수, 『개혁주의 신학해설사전』, 서울: 생명의말씀사, 1984.

번역서

도날드 거쓰리, 『신약신학』, 정원태 · 김근수 공역, 서울: 기독교문서선교회, 1999.

G. K. 빌 · D. A. 카슨 편, 『바울서신』, 이상규 옮김, 서울: 기독교문서선교회, 2012.

논문

장석조, "빌립보서 2:5-18에 나타난 종말론적 윤리의 근거와 기능", 『신약연구』 제6호, 서울: 한국복음주의신약학회, 2007.

Foulkes, Francis, "빌립보서", 『IVP 성경주석』, 김순영 · 김재영 외 6인 역, 서울: 한국기독학생회출판부, 2011[2008].

Silva, Moisés, "빌립보서", 『바울서신』, 이상규 옮김, 서울: 기독교문서선교회, 2012.

3부

'성령'과 '그리스도인의 생활' 연구

성령의 사역은 이렇게 그리스도인의 생활을 그리스도
인답게 변화시키며 완성시켜가거니와, 그것은 철저히 예
수 그리스도 중심으로 계획되고 실행된다. 한 걸음 더 나
아가 성령은 그리스도인이 하나님의 영광을 드러내고 오
직 하나님을 찬양하는 생활을 하게끔 그들의 전 인격에 관
여하시고 영적으로 고무하신다.

'성령'과 '그리스도인의 생활' 연구
– '그리스도와의 연합'과
'그리스도인의 생활'을 중심으로

Ⅰ. 들어가는 말

그레고리 빌(G. K. Beale)은 그의 저작 『신약성경신학』 9부[1]를 통하여 그리스도인의 생활을 다루고 있다. 이 책은 성경신학적 관점에서 텍스트인 성경을 다루고 있거니와, 각 주제를 시작된 종말의 새 창조적 측면에서 천착하고 있다는 점이 특징이다. 25장과 26장으로 구성된 9부의 내용 역시 예외가 아니다. 빌은 25장과 26장을 통하여

---

[1] G. K. Beale, 『신약성경신학』, 김귀탁 옮김(서울: 부흥과개혁사, 2013), 842-891. 본고의 조직신학적 내용은 개혁주의구원론과 교회론을 근간으로 하였거니와, 후크마의 『개혁주의 구원론』과 칼빈의 『기독교강요』 제3권 및 칼빈의 생애와 사상을 다룬 여타 글들과 벌코프의 『벌코프 조직신학』을 주 텍스트로 하였다. 아울러, 이하 각주는 지면관계상 약기함을 미리 밝히는 바이다(Anthony A. Hoekema, 『개혁주의 구원론』, 류호준 역(서울: 기독교문서선교회, 2008), 91-113; John Calvin, 『기독교강요』 제3권, 고영민 옮김(서울: 기독교문사, 2007), 29-33, 274-333; Louis Berkhof, 『벌코프 조직신학 (합본)』, 권수경·이상원 옮김(고양: 크리스찬다이제스트, 2010[2001]), 694-701, 779-803 등.).

그리스도인의 생활에 대한 내용을, 그것은 시작된 종말의 새 창조적 삶이라는 전제하에 자신의 논지를 전개한다. 여기서 그는 앞서 언급한 내용의 연장선상에서 언약공동체의 생활을 제시하고는, 그들이 그렇게 생활해야만 하는 이유를 논하고 있다. 그러나 그는 '성화'라는 용어사용 이외에는 조직신학적 관점을 지양하고자 한 것으로 보인다. 이는 그가 성경신학자로서의 연구 자세를 고집하고 있기 때문이라 사료된다.

그러나, 필자는 성경신학적 연구는 조직신학적 사고를 근간으로 이루어져야 한다고 생각한다. 이는 신학이 하나님에 대해 공부하고 연구하는 학문으로 여느 학문과는 구별되어야 한다는 점, 또 오직 성경중심적이어야 한다는 점을 근간으로 한다. 즉 신학이라는 학문은 모두 성경을 근간으로 한 성경 신학이 아닐 수 없기 때문이다. 하지만 학문의 특성에 의해 성경을 중심으로 연구하는 신학은 지금 역사신학, 성경신학(주경신학), 조직신학, 실천신학으로 구분된다. 이로 인하여 신학자들은 지금까지 신학을 자신의 전공분야에 국한하여 연구하여왔다. 그러나 필자의 소견으로 신학은 분야를 나누는 학문이 아니라 특정분야(전공분야)를 깊이 있게 공부하면서 하나님에 대해 연구하고 알아가는 것이며, 연구성과물 역시 이 과정을 통하여 나오는 결과물이다. 따라서 좋은 연구성과물은 모든 신학을 두루 섭렵하고 그 내용을 기반으로 한 통전적 사유와 융합적 사고를 통해 창출

된 것이거니와, 개혁주의신학에 합당한 내용이어야 한다. 그런데, 개혁주의신학이라는 용어 자체가 조직신학적이다.

조직신학은 성경을 사람이 이해하기 쉬운 용어로 구분하여, 그 용어와 주제를 정의 또는 규명하고, 그에 따른 내용으로 분류하여 설명하고 있거니와, 교회사에 나타난 이단사상에 대응하는 논쟁과 변증 및 지금까지의 쟁점들을 열거하며 개혁신학에 적합한 교리가 어떤 것이며 왜 그러한가를 성경과 비교·대조해 놓았다는 데 그 장점이 있다. 이로 인하여 조직신학에서 사용하는 용어는 그것이 구약이든 신학이든 성경신학적 연구와 따로 떼어 생각할 수 없다. 따라서 본고는 조직신학적 용어와 그 용어에 관한 개혁신학적 관점을 근거로 하여, 성령과 그리스도인 생활의 관계를 조망하고자 한다. 이는, 구원받아 그리스도인된 자의 생활은 전적으로 성령사역에 의해 개선과 진보를 이루며 성화되는 것이지, 성경의 직설법과 명령법에 근거하여 주의 명령에 따르는 사람의 의지로 이룰 수 있는 것이 아니라는 필자의 견해에서 비롯된다.

요컨대, 본고는 성령과 그리스도인의 생활과의 관계를 천착하였다. 이를 위해 우선 성령의 정의와 기능을 알아보고, 그 영향으로 인한 그리스도와의 신비한 연합에 대해 설명한 후, 그리스도와 연합한 그리스도인의 생활이 어떠한 양태로 드러나고 기능하는가를 바울서신을 중심으로 살펴볼 요량이다.

II. 성령의 기능과 그리스도와의 연합

1. 성령의 정의

성령[2]을 나타내는 그리스어 단어는 프뉴마(πνεύμα)이다. 프뉴마는 움직이는 공기의 현상을 지칭할 때 주로 사용되며, 바람, 순풍, 입김 등의 의미를 내포하고 있다. 이에 해당하는 히브리어 단어는 루아흐(רוח)인데, 사전적 의미로는 그리스어 프뉴마와 그 뜻이 같다. 그러나 이 단어가 사람에게 적용될 때에는 생명을 가리킨다. 또한, 감정, 지성, 의지의 근원을 의미하기도 한다. 한편 이 단어가 하나님께 적용될 때에는 하나님의 생명의 기운으로 혹은 하나님 본성의 연장선상에서 하나님의 능력과 성품으로 이해해야 한다.

오늘날 우리가 성령이라 말할 때에는 그리스어로는 프뉴마와 '하기오스'(ἅγιος, 거룩)를 결합한 의미이며, 히브리어로는 루아흐와 '코데쉬'(קדש, 거룩)를 결합한 단어이다. 유대인들과 기독교인들은 '하나님의 영'을 악한 영 혹은 사람의 영과 비교하고 구분하기 위해서 성령이라고 불렀다. 이는 하나님의 본성이 거룩함에 있다는 그들의 믿음에 근거하고 있다. 성경을 보면, 특히 쿰란 공동체(1Qs 3:7; 4:20, 21; 8:16), 누가(54번), 바울(롬 5:5; 9:1; 고전 12:3), 요한(요

---

2) 아가페성경사전 편찬위원회, 『아가페 성경사전』(서울: 아가페출판사, 1991), 823-825; 이승현, 『성령』(용인: 킹덤북스, 2012), 24-25; 김진수, 『개혁주의 신학해설사전』(서울: 생명의말씀사, 1984), 316-321; M. M. B. Turner, "성령", 『예수 복음서 사전』, 요단출판사 번역위원회 역(서울: 요단출판사, 2013[2003]), 583-595 참조.

1:33; 20:22)이 하나님의 영을 성령이라고 구별하여 강조하고 있음을 알 수 있다.

성령은 생명을 주시는 능력으로서 천지창조에 관여하셨다(창1:2). 성령은 인간을 산 자로 만드셨으며(창2:7), 인간에게 여러 가지 일을 일어나게 하신다(슥 4:6). 성령은 특히 개인에게 부어져 하나님의 일을 수행하게끔 한다.[3] 이는 성령이 용기와 힘, 지식과 지혜, 영적 은사 및 도덕적 생명의 원천이시기 때문이다. 하나님의 기운인 성령은 또한 초자연적 일을 하시는데, 하나님의 백성과 함께 거하시며 그 백성을 변화시키시고, 그 백성에게 다양한 능력을 주신다.

하나님의 백성은 성령의 능력으로 인하여 하나님께 감사하게 되며, 그 감사로 봉사하며 헌신할 수 있게 된다. 이는 성령이 하나님의 백성들 마음에 부어짐으로써 그들에게 이전과 완전히 다른 새 영과 새 마음을 지니도록 기능하기 때문이다. 이로 인해 하나님의 백성은 죄를 미워하고 멀리하게 되며, 하나님께서 창세전에 작정하신 구원의 완성을 향하여 전진하게 된다. 이것이 바로 그리스도인의 성화이다. 성화는 성령으로 말미암아 하나님의 사랑을 깨달은 그리스도인이 구원의 완성을 향하여 나아가는 삶의 과정을 말한다.

따라서 성령은 하나님의 백성된 자에게 하나님의 사랑을 깨닫게

---

3) 성령은 그리스도인의 삶을 시작하고 고무하며, 그 생활을 진행한다. 그리고 새 생명을 향해 나아가게 하며 영생의 소망과 성취를 위한 생활을 유지하게 한다(아가페성경사전 편찬위원회, 825-830; F. F. Bruce & A. R. Millard, ed., 『새성경사전』, 김의원 · 나용화 역(서울: 기독교문서선교회, 1992), 1234-1236 참조.).

하고 예수 그리스도의 가르치고 행하신 일을 본받아 행하게 하여 궁극적으로 그리스도인다운 생활을 하게 함으로써 하나님의 자녀로 하나님의 자녀답게 성장시키는 기능을 한다.[4] 그리스도인은 이 성장과정(성화)을 통하여 점차 거룩하게 되는 하나님의 은혜를 체험한다. 이는 곧 그리스도 예수의 죽음과 부활의 적용을 받는 생활이나 진배없다. 이러한 은혜를 누리는 자들은 먼저는 생명에 이르는 회개를 하게 되고 그 밖의 다른 은혜에 참여하여 누리게 된다.

2. 성령의 기능

성령은 그리스도인으로 하여금 하나님을 사랑하는 마음을 고무시키고 강화시킬 뿐만 아니라 죄에 대하여 날마다 멀어지고 새로운 생명과 기쁨에 참여하면서 그리스도인으로서 마땅히 가져야 할 거룩을 향하여 자라나게끔 기능한다.[5] 따라서 그리스도인이 하나님의 일을 즐거워하며 성경을 묵상하게 되는 것 역시 성령의 영향이라 아니할 수 없다. 성령은 그리스도인의 마음을 하나님께로 향하게 하며, 그리스도인으로서 합당한 생활을 하게끔 유도한다. 이에 따라 그리스도인은 주 예수 그리스도의 구원하심에 대한 감사로 주님의 몸된

---

4) 김진수, 95-96, 329-330; 아가페성경사전 편찬위원회, 826-830; 이한수, 『신약의 성령론』(서울: 총신대학교출판부, 2000[1994]), 20-23.

5) Berkhof, 672-677; 김희성, "에베소서의 성령론", 『두란노HOW주석 43: 에베소서 · 골로새서』(서울: 두란노아카데미, 2012[2009]), 67-70, 73-74.

교회의 지체가 된다.

교회는 주 예수 그리스도를 머리로 한 지체들의 모임이요 성령이 내주하시는 곳이다. 성령은 그리스도인을 하나로 묶어 주님의 몸을 이루게 하여 하나님을 예배하는 거룩한 예배공동체가 되게끔 한다. 교회는 성령의 영향으로 말미암아 예수께서 주님이심을 믿고 고백하는 그리스도인이요 그리스도인들의 회이다. 이들은 주를 믿음으로 죄 사함을 받는 자들이요 장차 오실 주님의 길을 예비하도록 '따로 불러내어 세워진 모임'이다. 곧 주의 일꾼들이다.

사도행전은 교회의 태동을 알려준다. 사도 바울은 이 교회를 그리스도의 몸이라 불렀다. 성령이 충만한 교회공동체는 하나님을 향한 열정에 사로잡혀 종말론적 윤리관을 지키며 거룩한 생활을 하기 위해 최대한 노력하였다. 이들은 성령의 영감과 조명하심으로 인하여 담대하게 말씀을 전할 수 있었으며, 한데 모여 함께 하나님을 경배하고, 교제하며, 세례를 베풀고, 모든 소유를 공유하는 등 믿음공동체 생활을 이어갔다. 이는 곧 초대교회의 모범이자 초대교회 신앙공동체의 예배와 생활상에 다름아니다.

누가는 이러한 그리스도인의 생활을 이스라엘의 회복으로 보았으며, 혈통과 전통에 기반을 둔 것이 아니라 회개하고 예수님의 이름으로 세례를 받는 것에 의하여 참그리스도인 즉 하나님의 참된 성도가 되는 것임을 강조하였다. 이는 곧 이스라엘의 남은 자 사상과 관련되는데, 하나님의 성령에 의해 창조된 하나님의 새 백성이자 이스라엘 백성과의 연속성을 의미하는 것이 곧 그리스도인이라고, 누가는 생각했기 때문이다. 한편으로 누가는 이스라엘 백성과 그리스도인과의 비연속성에 대해서도 강조하고 있다(행 10:35).

3. 그리스도와의 연합

후크마(Anthony A. Hoekema)는 『개혁주의 구원론』 제4장에서 '그리스도와의 연합'을 다루고 있다. 그는 이 장을 통하여, 그리스도와의 연합은 인간에게 단순히 적용되는 구원의 한 국면이 아니라, 인간의 구원에 관한 모든 과정의 기초이며, 참된 인간 실존의 구심점이자 그 실존을 둘러싸는 범위라고, 존 머레이(John Murray)와 스미스(Lewis Smedes)의 글을 인용하여 설명하고 있다. 이는 곧 그리스도와의 연합이 참된 그리스도인의 진정성과 존재방식을 규정한다는 말이다.

그리스도와의 연합은 구원론의 핵심이다. 이는 "그런즉 누구든지 그리스도 안에 있으면 새로운 피조물이라 이전 것은 지나갔으니 보라 새것이 되었도다"(고후 5:17) 라는 성경말씀을 근간으로 한다. 여기서 그리스도와의 신비한 연합을 극명하게 드러내는 용어, '그리스도 안에'(ἐν Χριστῷ)[6]는 만세 전에 하나님께서 작정하신 자들을 그

---

6) 요 6:56; 15:4, 5, 7; 고전 15:22; 고후 12:2; 갈 3:28; 엡 1:4; 2:10; 빌 3:9; 살전 4:16; 요일 4:13 참조.

리스도 안에서 자기백성 삼으시고, 그리스도로 말미암아 구원하시기로 예정하신 자들에게만 적용된다. 따라서 그리스도와의 연합은 창세전 하나님의 작정하심, 즉 예정론에 그 뿌리가 있다.

하나님의 작정하심에 뿌리를 둔 그리스도와의 연합은 그리스도의 구속사역을 근거로 한다.[7] 그리고 성령의 역사를 통하여 적용된다. 이러한 그리스도와의 연합은 지상에서 볼 수 있거나 유추할 수 있는 것이 아니다. 그것은 그리스도와 그 언약 백성 사이의 친밀하고 생동적이며 영적인 연합을 말하며, 성령의 역사하심을 통하여 주관적이며 초자연적인 방식으로 이루어진다. 따라서 그리스도와의 연합은 사람이 이해할 수 있는 범주를 초월한다. 사도 바울은 그의 서신서를 통하여, 이것을 '그리스도 안에 있는 삶'이라 말한바 있다.

요컨대, 그리스도와의 연합은, 우리의 주님이시요, 하나님의 백성으로 부름 받은 자들의 모임인 교회의 머리이신, '그리스도 안에' 있는 자들에게 적용되는 신비롭고 초자연적인 연합이다.[8] 이 연합은 그리스도 안에 있는 자들에게 적용되어, 그리스도 안에서 이루어진다. 이는 성령의 단독사역으로 말미암는다. 따라서 그리스도와의 연합은 그리스도 안에 있는 모든 '그리스도인'에게 과거 · 현재 · 미래를 주관하는 생명과 구원의 원천이요 초석이다. 뿐만 아니라, 그

---

7) Hoekema, 94-99; Berkhof, 301-307, 311, 315-316.

8) Millard J. Erickson, 『구원론』, 김광렬 역(서울: 기독교문서선교회, 2006), 192-196; 황보용, "'그리스도와의 연합'과 '성령 사역'의 관계에 대한 연구"(미간행 신학박사 학위논문, 광주: 광신대학교 대학원, 2007), 53-58.

리스도인에게 적용되는 구원의 전 과정, 즉, 그리스도인의 생활을 이끌어간다.

Ⅲ. 그리스도와의 연합과 그리스도인의 생활

1. '그리스도와의 연합'의 본질

그리스도와의 연합은 본질적으로 매우 중요하다. 그리스도인이 그리스도와의 연합을 실제적으로 경험하는 것은 대략 여덟 가지로 구분할 수 있다.[9] 첫째, 중생을 통해서이다. 둘째, 믿음을 통해서이다. 셋째, 믿음으로 말미암는 칭의, 곧 의롭다 여김을 통해서이다. 넷째, 거룩하게 되는 점진적 삶을 통해서이다. 다섯째, 거룩한 삶을 지향하고 그것을 위해 영적으로 고무되는 것을 위해서이다. 여섯째, 그러한 삶의 전 영역에 간섭하시는 성령의 역사로 말미암아 그리스도 안에서 죽음을 통해서이다. 일곱째, 그리스도 안에서 그리스도와 함께하는 부활의 경험을 통해서이다. 여덟째, 그리스도 안에서 그분과 함께 영화로움에 참여하여 누릴 삶을 통해서이다. 본고는 그리스도인의 생활을 중점적으로 살펴볼 요량이므로, 이 장에서는 이중 넷째 단계부터 일곱째단계까지 이어지는 성화의 과정에 관하여 살필 요량이다.

그리스도와의 연합은 본질적으로 '영적'이며 신비한 연합이다.[10]

---

9) Hoekema, 99-109.

왜냐하면, 이 연합은 그리스도께서 그리스도인 안에 거하시고, 그리스도인이 그리스도 안에 거하게 되기 때문이다. 이는 앞서 언급했듯이 삼위 하나님이신 성령의 주권적인 사역에 의해 이루어진다. 그리스도는 이로 인해 그리스도인에게 내주하신다. 그리고 그리스도인으로 하여금 친밀하고 생기 있게 하며, 그리스도인으로서 마땅히 하나님을 신앙하고, 하나님 말씀에 순종하게끔 유도하신다. 따라서 그리스도와 연합된 그리스도인은 죄를 미워하고 멀리할 수밖에 없다. 왜냐하면, 바로 이것이 그리스도께서 죄를 대하는 태도[11]이기 때문이다.

2. '그리스도와의 연합'의 과정

개혁주의신학은 그리스도와의 실제적 연합을 다섯 가지 과정으로 구분한다.[12] 첫 번째는 그리스도와 연합이 성립되는 것을 말하며, 이는 창세전에 하나님의 계획하심과 작정하심을 기저로 한다. 두 번째는 구원의 논리적 순서로서의 구원의 서정으로 발전하는 단계이다. 세 번째는 이러한 연합이 그리스도인의 의식에 반영되면서 실존적·현세적 은혜를 경험하고 회개에 이르게 되는 단계이다.[13] 네 번

---

10) 하문호, 『교의신학 5』(서울: 도서출판 그리심, 2009[1983]), 176-186; Berkhof, 694-700; J. Todd Billings, 『그리스도와의 연합』, 김요한 옮김(서울: 기독교문서선교회, 2014), 139-161.

11) Hoekema, 110-113.

12) 황보용, 62-64.

째는 그리스도와 연합된 이 의식이 그 영혼과 육체에 적용되면서 이 전과는 전혀 다른 새 사람으로 거듭나는 단계를 말한다. 그리고 다섯 번째는 늘 하나님을 즐거워하며 영적으로 고무되어, 선행과 공동체 생활로 하나님께 영광을 돌리며 천국 소망[14]을 품고 살아가게 되는 단계이다. 이는 곧 성령사역을 매개로 하여 그리스도와 교제하는 삶 이다.

1) 그리스도와의 연합과 이중은혜

그리스도와의 연합은 하나님께서 창세전에 작정하신 그 사람을 취하여 그리스도에게 접붙이는 것을 말한다. 이를 통하여 그리스도 인은 그리스도의 모든 은혜뿐 아니라 그분 자신(전체)을 공급받게 된다.[15] 이 연합은 성령의 역사하심을 통하여 유기적으로, 또한 효 과적으로 이루어진다. 이때 대상이 되는 그 사람은 그리스도와 연합 하여 전혀 새로운 사람이 된다.[16] 새것, 이른바 참된 그리스도인이 다. 그리스도와 연합한 참된 그리스도인은 성령께서 그 안에 내주하

---

13) F. F. Bruce & A. R. Millard, ed., 1788-1790. 신약에서의 회개 곧 회심은 자신의 전 인격을 주 예수 그리스도께 의탁하는 것이며, 이는 그리스도와의 연합을 온전한 사 실로 간주하고 거기에 따라 사는 것을 의미한다(롬 6:1-14; 골 2:10-12; 20 이하, 3:1 참조.).

14) Jerry Bridges, "칼빈의 성화론", 『교리·예배·삶의 균형을 추구한 사람 칼빈』, 박 연미 옮김(서울: 부흥과개혁사, 2012), 343-344.

15) Calvin, 29-30; 김은수, 『칼빈과 개혁신앙』(서울: SFC 출판부, 2011), 157-173 참조.

16) 고후 5:17.

심으로 말미암아, 믿음을 통하여(through faith) 동시적으로(simul) 이중은혜[17]를 얻게 된다. 곧 칭의와 성화이다.

그리스도인은 믿음으로 전혀 새로운 삶을 얻음과 동시에 하나님 앞에서 의롭다 여김을 받게 된다. 이는 순전히 거저 얻는 것이며, 그리스도와의 연합으로 말미암는다. 이 연합으로 그리스도인은 이전과는 다른 삶을 살게 된다. 따라서 그리스도와의 연합으로 얻는 이중은혜, 즉 칭의와 성화는 구별되지만 분리할 수는 없는 불가분의 관계이다.[18] 이 은혜에 참여하게 된 그리스도인은 삶은 전 영역에서 성령의 다스림을 받게 된다. 성령은 점진적으로 그리스도인을 그리스도의 의에 참여하는 삶으로 유도한다.[19] 여기서 그리스도의 의에 참여하는 삶이란 곧 그리스도인답게 생활하는 것을 말한다. 이것이 바로 성화이다.

2) 그리스도와의 연합과 성화 : 자기부정의 원리

칼빈은 그리스도인 생활의 중심원리로 우선 '자기부정의 원리'[20]를 제시한다. 이는 그리스도인들이 하나님 말씀을 통해 하나님을 아는 것과 아울러 자기 자신 곧 인간에 대해 알아가면서, 자신의 무지,

---

17) Berkhof, 788-789; 권호덕, "그리스도와 신비한 연합의 시각으로 본 '예수의 역사적 실재성과 그 의미'", 『한국개혁신학』 제14권(서울: 한국개혁신학회, 2003), 107-108.

18) Berkhof, 762-769, 784-787; 김은수, 174-183.

19) 아가페성경사전 편찬위원회, 828-829.

20) Calvin, 283-321; 김은수, 194-205; Bridges, 337-342 참조.

공허, 빈곤, 허약을 포함한 여타 타락상과 부패상을 자각하는 데서 출발한다. 왜냐하면 이러한 자각은, 그리스도 안에서 지혜의 참된 광채요 건전한 덕이요 차고 넘치는 선이요 의의 순결함이 오직 하나님 안에만 있다는 것을 깨닫는 것이기 때문이다. 따라서 그리스도와 연합한 그리스도인은 이전 삶의 방향성과 양태에 대하여 회개하고, 그것을 적극 수정하여, 하나님을 향하는 삶을 지향하고 하나님께서 기뻐하시는 생활을 추구하게 된다.

이러한 생활은 자신의 주인이 하나님이심을 철저히 인식하고, 교회공동체의 구성원으로서 또 예배자로서 하나님께 헌신하는 거룩한 삶을 사는 것을 말한다.21) 또한 모든 불경건함(마음, 생각, 말, 행위)을 물리치고, 그리스도의 마음으로 이웃을 세우고 돕는 등 이웃을 향해 올바른 태도를 가지게 될 뿐만 아니라, 다가오는 모든 고난과 역경을 견딜 수 있는 믿음을 갖게 된다. 이것이 바로 성화이다. 성화는 그리스도인의 자기부정 원리에 입각하여, 오직 그리스도와의 연합을 통해, 그의 죽으심에 동참함으로써 가능해진다. 이는 전적으로 성령사역22)에 의해 가능하다. 왜냐하면 성령은 그리스도께서 우리를 자신에게 효과적으로 연결시키시는 띠이기 때문이다.

---

21) Bridges, 334-337; Berkhof, 793-794.
22) Erickson, 59-65.

3) 그리스도와의 연합과 성화 : 현세적 삶의 원리

그리스도인의 생활로서 성화의 과정은 평생 계속된다.[23] 이러한 성화는 그리스도인의 내면적 영역에만 적용되는 것이 아니라 외면적 영역에도 적용된다. 그것은 바로 현세적 삶이다. 칼빈은 그것을 육체의 소욕과 세상의 영화를 멀리하면서 하나님께서 그 백성의 유익을 위해 허락하신 모든 것을 사용하고 즐기는 삶이라 규정한바 있다. 이는 하나님께서 그리스도인에게 허락하신 현세적 삶과 그 보조 수단들을 사용하는 방법, 즉, '필요와 누림의 원리'[24]이다. 따라서 그리스도인은 세상의 좋고 유익한 사물을 사용하되, 그것이 그리스도인의 생활을 방해하거나 훼손시키는 것이 아니라, 그리스도인다운 삶[25]을 살도록 고양시키는 범위 내에서 사용해야 한다.

현세적 삶의 원리는 사회공동체 구성원으로서의 경제윤리도 배제하지 않는다. 칼빈에 의하면,[26] 그리스도인의 현세적 삶의 행위는 하나님 앞에서와 예수 그리스도 안에서 근신하는 자세를 유지함으로써 얻게 되는 의로움, 그리고 경건[27]을 바탕으로 해야 한다. 이러한 사회경제 윤리[28]는 개인적 차원에서는 절제와 근면 그리고 인

---

23) Berkhof, 786-789; Erickson, 219-225.

24) Calvin, 335-344; Bridges, 344-346; 김은수, 205-214 참조.

25) Erickson, 231-240; W. van't Spijker, 『칼빈의 생애와 신학』, 박태현 옮김(서울: 부흥과개혁사, 2009), 235-242.

26) Calvin, 313-320; 김은수, 214-224 참조.

27) 박희석, 『칼빈이 말하는 그리스도인의 생활원리』(서울: 총신대학교출판부, 2011), 12-84.

내29)와 관련되어 나타나며, 공동체적 차원에서는 공정성과 사랑30)의 모습으로 드러나고, 하나님과의 관계적 차원에서는 그리스도인의 청지기 정신 및 소명의식과 긴밀하게 연결된다. 바로 여기에 그리스도인의 물질관이 성경적이며 개혁주의 관점을 확립하고 있어야 할 필요성과 중요성31)이 내포되어 있다. 그리스도인의 청지기 정신과 노동에 대한 인식은 소명의식과 사랑의 실천적 영역으로 확대·적용되기 때문이다.

IV. 바울서신에 나타난 그리스도인의 생활

성령은 성도 곧 그리스도인들로 하여금 그리스도인의 몸된 공동체를 형성(고전 1:13)하게 한다. 동시에 성령은 그리스도인의 공동체 즉 교회에 내주하시며, 그리스도의 몸된 교회의 성장과 성숙을 위하여 그리스도인들에게 은사를 부어주신다. 그리스도인은 그 은사로 인하여 그리스도의 몸된 교회를 섬기고 서로를 세우는 일을 감당하게 된다.32) 아울러 성령은 그리스도인들의 개인적 삶의 모든 영역에

---

28) 박희석, 404-449.

29) Bridges, 342-343.

30) 하문호, 186.

31) 김광열, "'구원의 서정' 논의와 '그리스도와의 연합' 교리", 『總神大論叢』 제20집 (서울: 총신대학교출판부, 2001), 150-160.

32) 롬 12:5; 고전 10:17; 12:12, 27; 엡 4:16.

관여하신다. 그리스도인으로 하여금 그리스도를 믿는 그리스도인의 신분에 합당한 삶을 살도록 유도하며, 그들로 하여금 그리스도의 본[33])을 받아[34]) 그분의 형상을 닮아가도록 그들을 전 인격적으로 변화시키신다.

성령은 그리스도인의 마음에서 굳은 마음을 제하고 부드러운 마음을 갖게 하신다. 이로 말미암아 그리스도인들은 그리스도의 성품에 참예하게 되고 성령의 다양한 열매들을 통하여 하나님의 자녀임을 드러내게 된다.[35]) 그 열매의 으뜸은 사랑의 열매이다. 사랑의 열매는 성령으로 말미암아 상대를 귀히 여기고 긍휼히 여기며 용서하고 용납하는 마음이다. 성령을 통하여 그리스도 안에서 전혀 새로운 피조물이 된 그리스도인들은 성령의 능력으로 보다 거룩한 생활을 추구하며, 하나님이 주신 생명의 성령의 법 안에 거하고 행하게 되는 놀라운 변화와 그 진전을 경험하게 된다.

---

33) F. F. Bruce, 『틴델 신약주석 시리즈 6: 로마서』, 권성수 역(서울: 기독교문서선교회, 2007[2000]), 264-266.

34) 롬 15:1-6.

35) 고전 12:4-13; 엡 4:11-12; 롬 8:15-16; 15:16; 고전 1:2; 갈 3:14; 4:6-7; 5:1-5 6:11; 고후 3:17. 여기 나타나는 '하나님의 자녀'는 복음을 알기 전에 허물과 죄로 죽었던 자들(엡 2:1)이요 그리스도 밖에 있었던 자들(엡 2:12)로서 이제는 예수 그리스도를 알고 주로 삼아 천국시민권을 지닌 자들(빌 3:20) 곧 하나님의 권속(엡 2:19)이다. 다시 말하면 이들은 전에는 허물과 죄로 죽었던 자들이요, 그럼에도 자기 허물과 죄 가운데서 행하며 세상 풍속을 좇고 공중권세를 잡을 자 곧 마귀를 따라 자기 육체의 욕심을 따라 지내며 육체와 마음이 원하는 것을 하여 본질상 진노의 자녀(엡 2:1-4)였다가, 하나님의 크신 사랑으로 말미암아 그리스도의 죽음과 부활에 참예하여 하나님 나라의 시민이 된 자들이요, 나아가 하나님의 자녀가 된 자들이다.

성령의 은사들은 이렇게 그리스도의 몸을 세우는 데 사용된다. 이로 말미암아 그리스도인들은 그리스도인된 성품을 형성하여 서로를 세우며 돕는 생활을 하게 된다. 따라서 교회공동체 구성원으로서의 공동체적인 삶과 그리스도의 성품을 소유한 자로서의 개인적인 삶을 영위하게 된다. 이러한 삶은 처음부터 끝까지 모두 그리스도에 의하여 규정되고 성령에 의하여 결정된다. 성령은 그리스도인에게 끊임없이 적용·역사하시어 그리스도의 일을 계속하면서 점진적으로 완성을 향하여 나아갈 수 있도록 유도한다. 성령의 역사하심으로 그리스도인은 그리스도의 장성한 분량으로 성숙하게 되며, 점점 하나님의 기뻐하시는 자가 된다. 바울은 서신들을 통해 이러한 내용을 설명하고 있는데,36) 그것은 로마서에서 다음과 같이 나타난다.

1. 로마서에 나타난 그리스도인의 생활

바울서신이 거의 그렇듯이, 로마서는 로마에 있는 그리스도인들에게 보낸 바울의 편지이자 다른 사상을 가르치고 주장하는 이단에 대응하는 변증문이다. 따라서 로마서는 문학적·수사학적·본문언

---

36) 시 51:2-10; 119:28-143. 그리스도인의 삶에 대한 내용은 바울서신에 일관성 있게 등장하여 상호텍스트성(mutual text, intertextuality interpretation)을 이루며 유비적(類比的)으로 작용하면서 성도들 곧 모든 그리스도인에게 개인적으로 또 공동체적으로 적용된다. 본장(Ⅳ장)에서는 지면관계상 이 내용을 두 가닥으로 대분하여 로마서와 갈라디아서의 내용을 다루겠거니와, 관련 성경구절 및 그에 대응하여 대조·비교할 수 있는 내용은 각주로 처리하였음을 미리 밝힌다.

어학적으로 살필 필요가 있다고 사료된다. 최갑종은 그의 강해서 들[37]을 통해 로마서의 구조를 분석하고 있는데, 필자도 그의 구조분석에 동의하는 바이다. 그것을 문학적 · 수사학적 · 본문언어학적인 면면을 면밀히 고려하면서 재분류하면, 필자가 분석한 로마서의 구조는 다음과 같다.

1. 서론 : 인사말 1:1-1:17
2. 바울의 신학적 변증 : 이신칭의 복음의 필요성   1:18-3:20
   (1) 이방인(인류)의 범죄와 하나님의 심판   1:18-1:32
   (2) 유대인의 범죄와 하나님의 심판   2:1-3:8
   (3) 죄와 하나님의 심판 아래 있는 인류   3:9-3:20
3. 바울의 신학적 권면 I : 이신칭의 복음과 성화의 제시   3:21-11:36
   (1) 이신칭의 복음과 그리스도인의 모델   3:21-4:25
   (2) 그리스도인의 정체성과 그리스도인된 생활(성화의 길) 5:1-6:23
   (3) 율법을 따르는 생활과 성령을 따르는 생활   7:1-8:39
   (4) 이스라엘에 대한 하나님 언약의 신실성   9:1-11:36
4. 바울의 신학적 권면 II : 이신칭의 복음의 적용(성화)   12:1-15:13
   (1) 그리스도인된 생활의 원리와 적용   12:1-8
   (2) 그리스도인으로서 교회와 사회에서의 책임   12:9-13:7
   (3) 그리스도인의 자세와 영향력   13:8-15:13
5. 결론 : 기도부탁과 경고 및 인사와 축도   15:14-16:27

---

37) 최갑종, 『로마서 듣기』(서울: 도서출판 대서, 2011[2009]), 21-550; 최갑종, 『로마서를 아시나요』(서울: 기독교연합신문사, 2012), 39-280 참조.

바울은 로마서에서 그리스도인의 생활에 관한 내용을 5:1-6:23과 12장 이하에서 다루고 있다. 이중 로마서 6:4-11과 12장 이하 내용에 의하면, 성령의 사람[38) 즉 그리스도인은 그리스도 안에서 그리스도의 죽음과 부활을 경험한다.[39) 이 죽음과 부활은 현재적이며 미래적이다. 이는 그리스도인의 생활이 그리스도를 믿음으로 말미암아 '죄와 사망의 법' 아래 잊지 않고 '생명의 성령의 법'이라는 은혜 아래 있는 데 기인한다.[40) 로마서에는 모세의 법[41), 믿음의 법,[42) 죄와 사망의 법,[43) 마음의 법,[44) 생명의 성령의 법,[45) 의의 법[46) 등이 등장한다. 이는 두 가지로 대분되며 극명하게 대조된다. 하나는 하나님의 법, 다른 하나는 죄의 법이다. 이중 하나님의 법은 생명의 성령의 법이요, 그것은 속사람과 성령을 좇은 양상으로 드러나거니와, 그로 인

---

38) 롬 15:30.

39) 롬 3:23-31; 4:5; 6:1-14.

40) 롬 5:6-21. 이 두 가지 법은 바울서신 각 권을 통해 계속 비교·대조되면서 상호텍스트성을 이루고 있는데, 장석조 교수는 그의 신학석사학위논문을 통해 고린도전서를 중심으로 이 내용을 다룬바 있다. (Douglas J. Moo, "로마서",『IVP 성경신학사전』, 김재영·황영철 역(서울: 한국기독학생회출판부, 2011), 1581-1588; F. F. Bruce & A. R. Millard, ed., 1789-1790; Beale, 858-863; 장석조, "고린도전서에 나타난 성령의 사역"(미간행 신학석사학위논문, 서울: 총신대학교 대학원, 1995), 87-93 참조.).

41) 롬 2:1-16; 3:19.

42) 롬 3:2.

43) 롬 7:7-13; 7:21-25.

44) 롬 7:16.

45) 롬 8:2-4.

46) 롬 9:31.

하여 성령의 일을 즐겁게 하게 되어 하나님을 기쁘시게 한다. 그리하여 참된 구원과 평안을 얻게 되고 영생을 소유[47]한다. 한편 죄의 법은 죄와 사망의 법이요, 그것은 겉사람과 육신을 좇는 행태로 나타난다. 그로 인하여 육신의 안락과 이생의 쾌락을 끝없이 도모하게 되어 스스로 하나님의 원수가 되게 한다. 때문에 종국에는 사망에 이르는 영벌을 받게 된다.

바울은 이러한 내용을 유대 율법주의에 대응하는 복음과 윤리의 관계로 설명하는데,[48] 학자들은 이를 가리켜 그리스도인의 생활에 적용되는 직설법과 명령법이라고 논하고 있다. 여기서 직설법과 명령법이란 말은 그리스도인이 구원에 대한 감사로 말미암아 동행하시는 성령사역에 힘입어 점진적으로 성화(롬 5-8장)되는 그리스도인된 삶을 살아야 함을 직접적으로 강조한다는 내용을 함의한다. 이는 그리스도와 연합하여 그분 안에 거하며 그리스도인된 자들이 삼위일체 하나님의 능력 안에 거하는 것과 동일하며, 그리스도인이 이 사실을 인식함으로 말미암아 그리스도인된 삶에 합당한 삶을 순종적으로 살도록 고무함과 동시에, 구약성경의 에스겔서와 연결됨으로써 하나님 나라의 현재성과 미래성을 내포한다는 점에서 주목할 만하다. 이 가운데 6장은 특히 그리스도인의 생활과 성화에 관련하여 그리스도인된 삶을 살게 하는 성령의 은혜를 극명하게 다루고 있다.

---

47) 롬 1:16-17; 3:21-31; 4:25; 5:1-21.
48) 롬 3-5장.

그리스도인된 삶을 살게끔 하는 이 은혜(그리스도와 연합하여 성화의 길을 걷게 하는 성령의 도우심)는 이미 에스겔 37:12-14을 통하여 예언하신바,[49] 새 마음과 새 영을 그리스도인된 자들 안에 부으신바 된 것을 의미한다. 이는 이미 에스겔 11:19-21과 13:25-29 및 36:3-6을 통하여 말씀하신바, 하나님의 백성에게 하나님의 하나님 되심을 알리시는 하나님의 계시이거니와, 이스라엘이 정통신학으로 간주하고 있던 신학을 확대 · 개편 · 적용한다는 측면[50]에서 아브라함으로부터 다윗에게 그리고 오늘날의 그리스도인들에게 이어지는 언약의 확대 · 개편 · 적용과도 그 맥이 통함을 알 수 있다. 필자의 소견에 Beale은 바로 이 점에 근거하여 로마서에 나타나는 그리스도인의 윤리적 삶을 하나님 나라의 새 창조이자 변화된 새 창조적 삶의 시작으로서의 그리스도인된 생활이라는 관점에서 다루게 된 것[51]이라 추정된다.

즉, 에스겔 37장은 이스라엘의 역사와 그 역사를 관통하는 하나님의 통치, 그리고 선지자를 통한 하나님의 메시지와 약속의 신실함을 부각시킴으로 인하여 이스라엘의 과거와 미래를 잇는 중요한 장이다. 왜냐하면 이 장은 에스겔서의 전 · 후 문맥을 잇는 교량역할을 하거니와 역사적 맥락에서 구속사적 통치와 긴밀히 연결됨으로써 하

---

49) Beale, 845.

50) 송병현, 『선지서 개론』(서울: 국제제자훈련원, 2012), 220-259 참조.

51) Beale, 842-845.

나님 나라의 회복과 하나님 백성의 회복을 극명하게 드러내기 때문이다. 이로 인하여 하나님 언약의 신실함이 여실히 부조된다. 바울은 바로 이 내용을 로마서 6-8장에서 다루거니와, 특히 6장에서 집중적으로 논하고 있는데, 그것은 곧 성화의 길을 걷는 그리스도인들의 생활을 통하여 시작되고 확장되는 하나님 나라의 성취[52]로 나타난다. 이러한 하나님 나라의 성취는 로마서 1장 후반부에서 4장까지 이어지는 이신칭의 복음의 필요성에 대응하여 4장 말미에 제시한 모델로서의 그리스도의 삶과 사역, 그리고 5장에 제시한 그리스도인의 정체성을 근간으로 한다. 이 모든 것의 기초는 물론 하나님 말씀에 순종하는 것이며, 순종은 인간의 의지가 아니라 그리스도인으로 하여금 그리스도와 연합하여 생활하게끔 도우시는 성령의 사역으로 말미암는다. 아울러 이 내용은 로마서 12장 이하의 내용으로 보완되며 성화의 과정에 있는 그리스도인의 생활 전반에 적용되어 나타나는 성령의 능력과 그 능력에 힘입은 그리스도인들의 영향력으로 확인된다.

로마서에서 그리스도인의 생활을 논할 때 바울은 πολιτεύομαι

---

52) 갈 5:16-24; Beale, 851-854; 이한수, 181-182; 아가페성경사전 편찬위원회, 828-829; Berkhof, 793-796; Andrew T. Lincoln, WBC주석 42: 에베소서 , 배용덕 옮김(서울: 도서출판 솔로몬, 2006), 549-619 참조. 이 영 곧 성령은 사도 요한이 말한 '진리의 영'이다(요 14:17; 16:13). 한편, 바울이 서신들 가운데 갈라디아서를 제일 처음 기록했다는 점을 고려할 때, 성령의 열매와 영향력은 모두 사랑에 의한 것임을 알 수 있다. 그것은 하나님의 사랑에 의한 것이며, 예수 그리스도를 본받아 사는 그리스도인의 생활로 확산되는 그리스도인의 사랑으로 확장되고 전이된다.

라는 동사를 사용하고 있다. '생활하다'라는 뜻하는 단어 'πολιτεύο μαι'(폴리튜오마이)는 '시민이 되다', '통치하다', '생활을 영위하다' 라는 의미를 내포한 단어로 신약성경에 2회(행 23:1; 빌 1:27; 3:20) 나오며, 신앙에 의해 이루어지는 행위를 나타낸다. 또한 '삶'을 뜻하는 단어 'ζωή'(조에)는 신약성경에서 135회 나오며, 그 용례는 두 가지로 대분된다. 우선은 자연적 생명을 가리키는데,[53] 세상에서의 제한적이고 일시적인 삶을 표현할 때[54]와 생의 끝을 묘사할 때[55] 사용되었다. 다음으로는 하나님의 은혜와 성령사역으로 그리스도와 연합하여 그리스도인된 자들의 생명을 나타내는데, 이는 로마서 6:4, 7:10, 8:2, 8:6, 8:10, 에베소서 4:18, 디모데후서 1:1, 요한복음 6:63, 6:68, 사도행전 5:20, 빌립보서 2:16, 고린도후서 2:16, 4:12, 골로새서 3:3, 베드로전서 3:7, 베드로후서 1:3, 요한일서 3:14, 5:12 등과 긴밀히 연결되어 유비적(類比的)으로 그리스도인의 생활양상과 그 능력을 묘사하는 어휘로 사용되었다.

즉, 로마서에 나타난 그리스도인의 생활은 마지막 때에 하나님의 백성들에게 부어진 하나님의 마음과 영으로 말미암아, 창세전에 택정된 그의 백성들이 하나님을 알고 믿는 생활[56]이다. 그들은 언행과

---

53) 롬 8:38; 고전 3:22; 빌 1:20.
54) 행 8:33; 고전 15:19; 딤전 4:8; 약 4:14.
55) 히 7:3; 계 11:11.
56) 출 20:1-6.

모습을 통해 자신이 알고 믿는 그 하나님을 드러내게 된다. 이로서 그들은 하나님께서 이끄시는 구속사적 성취의 역사를 인식하고 그 안에서 종말론적 윤리관을 갖고 살아가며 그 삶을 통해 하나님께 영광을 돌리는[57] 하나님 나라의 참여자요 전파자의 삶을 살지 않을 수 없는 것이다.[58] 이 백성들이 곧 그리스도인들이다. 그리스도인들은 그리스도 안에서 언약공동체를 이룬다. 이 공동체는 하나님의 약속을 믿고 자신들의 삶으로 거룩히 구별되어 산 제물이 된 자들이다.[59] 이들은 앞서 거론한바, 세상의 영욕을 좇지 않으며, 하나님의 선하시고 기뻐하시고 온전하신 뜻을 좇아 살기 위해 노력한다. 그 노력은 그리스도와 연합한 그리스도인의 전 영역에 관여하시는 성령의 도우심으로 말미암아 신자의 행위로 드러난다. 그것은 곧 자기부인의 원리와 현세적 삶의 원리에 입각한 그리스도인의 삶이자 그 진보, 곧 성화[60]이다.

성화는 개인적 차원에서 절제와 근면 그리고 인내하는 태도로 나타나며, 공동체적 차원[61]에서는 공정성과 사랑의 모습[62]으로 드러나고, 하나님과의 관계적 차원에서는 그리스도인의 청지기 정신 및

---

57) 롬 12:1-2; 14:7-9; 고전 6:19-20; 고전 10:31; Beale, 844-845.

58) 롬 15:16-30; Beale, 966-969 참조.

59) 롬 12:1-2; Bruce, 235-237 참조.

60) Berkhof, 786-787.

61) 고전 12:7-13; 엡 4:4-7.

62) 롬 13:8-10; 갈 5:13-15; 고전 13장.

소명의식을 분명히 인식하고 살게끔 된다. 이렇게 하나님 사랑[63]과 이웃사랑[64]을 실천하는 그리스도인의 생활은 곧 하나님의 뜻이다. 그리고 이 뜻이 온전히 이루어지는 상황과 장소가 바로 하나님의 때요 하나님 나라[65]이다. 바울은 이것을 복음과 윤리의 관계를 논하며 풀어가고 있다. 이러한 내용은 로마서보다 먼저 기록된 갈라디아서와도 연결된다.

2. 갈라디아서에 나타난 그리스도인의 생활

앞서 언급한바, 바울서신이 거의 그렇듯이, 갈라디아서 또한 갈라디아교회에 보낸 바울의 편지이자 다른 사상을 가르치고 주장하며 선동하는 이단에 대응하는 변론이다. 따라서 갈라디아서 역시 문학적 · 수사학적 · 본문언어학적으로 살필 필요가 있다. 이를 고려하며 본 갈라디아서의 구조는 아래와 같다.

1. 서론 : 인사말 1:1-1:5
2. 바울의 신학적 변증 1:6-5:12
    (1) 갈라디아교회의 당시 상황 1:6-1:10
    (2) 복음과 사도직에 대한 변호 1:11-2:11
    (3) 다른 사상을 전하는 자들(이단)에 대응한 바울의 변론 2:11-5:12

---

63) 시 78:7; 79:13; 131:1-2.
64) 롬 12:10; 고전 4:7; 13:4-5; 빌 2:3.
65) 롬 14:17.

3. 바울의 윤리적 권면 5:13-6:10

    (1) 사랑은 율법의 완성 5:13-5:15

    (2) 성령은 육체를 극복하고 참 자유를 누리게 하는 힘 5:16-5:24

    (3) 성령의 기능과 가치 5:25-6:10

4. 결론 : 훈계 및 권면과 축도 6:11-6:18

바울의 윤리관을 근간으로 한 그리스도인의 생활은, 갈라디아서 5:16-24을 통해서 그리스도인의 자유로 표현되어 있다. 이 자유[66]는 옛 사람 즉 육체의 소욕을 제어하고 성령의 일을 좇아 행하는 그리스도인된 자의 생활에 근거한다.[67] 바울이 갈라디아서보다 뒤에 기록한 로마서 14:11에서도 찾아볼 수 있는 이 자유는 이사야 45:23을 인용한바, 이사야를 통해 예언됐던 자유이거니와, 빌립보서 2:10이하를 통해 모든 그리스도인에게 확대 · 적용된다. 뿐만 아니라 바울서신들(로마서, 고린도전후서, 갈라디아서, 에베소서, 빌립보서, 골로새서 등)에 나타나는 그리스도인의 생활과 그의 윤리관에 관한 내용은 그 사회적 · 교회적 정황과 서로 비슷하게 조응하며 보완되는 상호텍스트성을 이루고 있다. 따라서 이 자유는 복음 안에서의 자유이며, 성령사역으로 말미암아 성령의 열매를 맺을 수밖에 없는 자유이다. 그리스도인의 성화에 전적으로 개입하며 섭리하시는 성령의 열매는 물론 믿음과 사랑의 열매들이다.

---

66) 갈 5:16-24; 롬14:1-12; Bruce, 254-257.

67) 본고의 각주 52) 참조.

이 열매들은 아리스토텔레스(Aristoteles; BC 384~322)가 『Thkhnē Rhētorikē』((영) Art of Rhetorica)[68] 1권의 6, 12, 13장과 2권의 3, 4, 7, 8장에서 제시했던 덕의 열매들(정의, 용기, 자제, 숭고함, 아량, 관대함, 친절, 사색적이며 깊이 있는 지혜 등등)과 비슷하게 느껴지지만 전혀 다른 것이다.[69] 다시 말하면 갈라디아서에 나타난 성화의 열매에 관한 내용은 다시 로마서(8:1-39)의 내용과 연결되며, 육에 속한 자와 영에 속한 자의 비교·대조를 통해 그 차이가 여실히 드러난다. 이는 앞서 언급한바, 바울의 윤리관에 입각한 그리스도인의 생활에 관한 내용으로, 골로새서 3-4장과 에베소서 4-6장, 그리고 디도서 3장에 나타나는 부름 받은 개인으로서의 그리스도인의 생활과 그 공동체로서의 교회 생활에 대한 내용을 통해 서로 연결·보완되거니와, 바울서신들이 이루고 있는 상호텍스트성을 통해 보다 확연해지기 때문이다.

즉, 『Thkhnē Rhētorikē』에 제시된 덕은 개인적 이성의 힘에 의한

---

68) 아리스토텔레스의 이 책은 국내에 '수사학' 또는 '수사학에 관하여'라는 제목으로 번역·소개되고 있으나, 여기 담긴 글들은 엄밀한 의미에서 설득과 변론에 관한 내용을 다루고 있는바, 수사학과는 다소 거리가 있다고 사료된다.

69) Beale, 846-854; 목회와신학 편집부, "골로새서에 나타난 '성도의 삶'", 『두란노HOW주석 43: 에베소서·골로새서』(서울: 두란노아카데미, 2012[2009]), 331-342; 김상훈, "골로새서가 말하는 그리스도인의 대인관계", 『두란노HOW주석 43: 에베소서·골로새서』(서울: 두란노아카데미, 2012[2009]), 395-408; Bruce B. Barton & Philip Comfort, 『LAB주석시리즈: 에베소서』, 전광규 역(서울: 한국성서유니온선교회, 2011[2001]), 175-211; 허주, "성도다운 삶의 실제적 지침들", 『두란노HOW주석 43: 에베소서·골로새서』(서울: 두란노아카데미, 2012[2009]), 213-244 참조.

것이고, '갈라디아서'에 제시된 성령의 열매는 삼위 하나님이신 성령에 의한 것이다. 그럼에도 성화는 그리스도인 자신의 노력이 필요하다. 바울은 갈라디아서에서 이 노력을 자기육체를 십자가에 못 박는 것으로 표현하고 있다. 이는 육체의 정욕을 거부하고 그를 좇아 사는 일들 앞에 자신이 죽은 자처럼 되는 것이,[70] 그리하여 하나님께서 기뻐하시는 교회공동체 구성원으로 살아가며 성령의 열매를 맺는 산 제물(늘 생동하는 헌신된 신앙생활)된 생활을 한다는 것이, 엄청난 아픔과 눈물과 희생과 고통을 수반할 수밖에 없는 삶임을 드러낸다.[71] 이때 성령의 열매는 그리스도인의 말, 글, 삶, 곧 그 모습과 행위를 통해 드러나게 마련이다. 따라서 성령의 열매는 하나님과의 관계와 사람과의 관계를 어떻게 유지·발전시키며 어떻게 지속적으로 생활에 적용시켜 나아가는가를 통해 구별된다고 할 수 있겠다. 이것은 곧 십자가 정신이다.

십자가 정신은 육체의 일들과 욕심에 적극적으로 대응하며,[72] 성령을 따라 그리스도로 옷 입은 자들이 세상 가운데 최선을 다해 살면서 복음 곧 하나님 나라를 알리고 보여주며 확산시키는 일에 진력하고자 하는 소명의식[73]이다. 이 의식은 그리스도인이 그에 합당한 생

---

70) 갈 5:16-25; 엡 2:1-10; 4:17-24; 골 3:1-10; 롬 8: 13; 벧전 2:11; 4:1-3; 딛 3:5-8. 이는 고린도전서 1:2과 3:1-3의 육에 속한 사람과 상호텍스트성을 이루며 유비적으로 비교·대조된다.
71) 시 30:6-7; 롬 5:3-4; 고전 11:32; 히 12:8 등 참조.
72) 롬 1:16-17; 고전 15:1-8; 골 3-4장; 갈 5:16-26.

활로 참여하고 드러내는 하나님 나라의 점진적 성취74)라 할 수 있다. 왜냐하면 복음은 종말론적 윤리관에 근거한 그리스도인의 삶을 통하여 전파되기 때문이다. 소명과 사명의 진전으로 이루어지는 그리스도인의 생활 곧 성화의 완성은 예수 그리스도의 재림으로 참여하게 되는 그리스도인의 영화로움이나 진배없다. 이는 야고보서에 나타나는 믿음과 행함의 관계와 연결됨으로써, 이스라엘의 회복이라는 관점에서 또한 하나님 나라의 회복에 주목할 때, 하나님 나라의 현재성과 미래성을 내포하고 있음을 알게 된다. 이러한 내포는 이스라엘(과 그 백성) 회복이자 성전의 회복으로 이어진다.

그러므로, 바울서신을 통해 극명히 드러나는 복음과 윤리의 관계, 곧 그리스도인됨(그리스도와의 신비한 연합)과 그리스도인의 생활의 관계를 통해 나타나고 전파되는 하나님 나라라 아니할 수 없다. 이로써, 그리스도인은 그리스도와 연합한 성령 충만한 생활을 통하여 이미, 하나님 나라의 참여자요 전파자요 확장자로 기능하고 있음을 알 수 있다.

V. 나가는 말

본고는 성령과 그리스도인의 생활과의 관계를 천착하였다. 이를

---

73) 롬 13:14; 고전 6:18-20; 엡 4:24; 5:21-6:9.
74) Beale, 854-858, 941-946; 졸고 181-185 참조.

위해 우선 성령의 정의와 기능을 알아보고, 그 영향으로 인한 그리스도와의 신비한 연합에 대해 설명한 후, 그리스도와 연합한 그리스도인의 생활이 어떠한 양태로 드러나고 기능하는가를 바울서신을 중심으로 고찰하였다. 이를 통해 성령과 그리스도인의 생활, 그리고 하나님 나라는 불가분의 관계라는 것을 알았다. 성령은 하나님께서 창세전에 택정하신 자들로 하여금 그리스도를 믿게 하시고, 그 믿음 안에서 그리스도와의 신비한 연합을 이루게 하신다. 이 연합으로 말미암아 그들은 그리스도인이 된다. 이 과정은 그리스도인된 자로 하여금 죄와 율법을 벗어나서 칭의와 성화의 은혜 아래 놓이게 한다.

성령은 하나님의 영이자 그리스도의 영이요 교회의 영이다. 성령은 그리스도인들로 하여금 그리스도의 몸된 교회를 세우기 위해 일하신다. 이를 위해 성령은 창세전에 작정된 하나님의 백성들을 부르신다. 그리고 그들로 하여금 그리스도와 연합하여 그리스도인이 되게 하신다. 아울러 그리스도인들에게서 옛 아담의 죄성을 제거하고 새 마음과 새 영을 부어주신다. 성령의 단독사역을 통하여 그리스도인들은 감사와 기쁨으로 하나님을 섬기는 생활을 알게 되고, 이를 실천하게 된다. 이러한 생활을 통하여 그리스도인들은 성화된다. 성화는 성령으로 말미암아 반복되며 변화되는 일상의 삶을 통해 날마다 영화롭게 성숙하는 그리스도인들의 생활을 드러낸다.

성화는 거룩을 향하는 점진적 걸음이다. 이로 인하여 그리스도인의 언행과 표정은 그리스도의 형상을 닮아가게 마련이다. 왜냐하면, 성령의 능력으로 말미암아 그리스도인들의 마음은 세상에서 돌이켜 하나님을 향하게 되고, 하나님만 섬기도록 변화되기 때문이다. 이로 인하여 그리스도인들은 그리스도와의 신비한 연합을 통해 영생과 부활의 의미를 깨닫고, 그 충만한 은혜를 누리며 나누는 새로운 삶을 살게 된다. 성령은 그리스도인으로 하여금 하나님의 기쁨이 되고, 그리스도 예수의 성품을 닮아가는 생활을 함으로써, 태초에 하나님이 의도하신 창조의 질서를 회복해간다. 성령은 그리스도인의 개인적 생활이든 공동체적 생활이든 모두 그리스도의 형상과 성품에 완전히 가까워지는 삶이 되게끔 역사하신다.

성령의 사역은 이렇게 그리스도인의 생활을 그리스도인답게 변화시키며 완성시켜가거니와, 그것은 철저히 예수 그리스도 중심으로 계획되고 실행된다. 한 걸음 더 나아가 성령은 그리스도인이 하나님의 영광을 드러내고 오직 하나님을 찬양하는 생활을 하게끔 그들의 전 인격에 관여하시고 영적으로 고무하신다. 즉, 성령과 그리스도인의 생활은 불가분의 관계이다. 그리스도인은 성령의 섭리하심으로 말미암아 전인격적 측면에서 하나님의 인격과 형상을 닮아간다. 성령 충만한 그리스도인은 하나님 나라의 참여자요 전파자요 확장자이다. 왜냐하면 종말론적 윤리관에 근거한 그리스도인의 생활은 하나님 나라의 확장과 말씀의 흥왕, 곧 복음의 전파에 촉진제 역할을 감당하기 때문이다.

　요컨대, 성령과 그리스도인의 생활과 하나님 나라는 불가분의 관계이다. 이는 그리스도와의 연합으로 말미암는다. 그리스도와의 연합은 성령의 단독사역으로 이루어지며, 그리스도인들에게 개인적이며 전인격적으로 적용된다. 하나님의 형상으로 창조된 사람 가운데 창세전에 택정된 자 곧 그리스도인은, 이 연합을 통하여 하나님 은혜를 누리게 되며 그리스도인다운 생활을 하게 된다. 그리고 그 생활을 통하여 하나님 나라에 참여하고, 종말론적 윤리관을 근간으로 하여 구별된 언행과 일상을 통하여 하나님 나라를 드러내며 복음을 전파하는, 하나님 나라의 확장자로 기능한다.

참고문헌

국내서

논저

권호덕, "그리스도와 신비한 연합의 시각으로 본 '예수의 역사적 실재성과 그 의미'", 『한국개혁신학』 제14권, 서울: 한국개혁신학회, 2003.

김광열, "'구원의 서정' 논의와 '그리스도와의 연합' 교리", 『總神大論叢』 제20집, 서울: 총신대학교출판부, 2001.

장석조, "고린도전서에 나타난 성령의 사역", 미간행 신학석사학위논문, 서울: 총신대학교 대학원, 1995.

황보용, "'그리스도와의 연합'과 '성령 사역'의 관계에 대한 연구", 미간행 신학박사학위논문, 광주: 광신대학교 대학원, 2007.

단행본

김은수, 『칼빈과 개혁신앙』, 서울: SFC 출판부, 2011.

김진수, 『개혁주의 신학해설사전』, 서울: 생명의말씀사, 1984.

목회와신학 편집부, 『두란노HOW주석 43: 에베소서·골로새서』, 서울: 두란노아카데미, 2012[2009].

박희석, 『칼빈이 말하는 그리스도인의 생활원리』, 서울: 총신대학교출판부, 2011.

송병현, 『선지서 개론』, 서울: 국제제자훈련원, 2012.

아가페성경사전 편찬위원회, 『아가페 성경사전』, 서울: 아가페출판사, 1991.

이승현, 『성령』, 용인: 킹덤북스, 2012.

이한수, 『신약의 성령론』, 서울: 총신대학교출판부, 2000[1994].

최갑종, 『로마서 듣기』, 서울: 도서출판 대서, 2011[2009].

_____, 『로마서를 아시나요』, 서울: 기독교연합신문사, 2012.

하문호, 『교의신학 5』, 서울: 도서출판 그리심, 2009[1983].

국외번역서

Barton, Bruce B. & Comfort, Philip, 『LAB주석시리즈: 에베소서』, 서울: 한국성서유니온선교회, 2011[2001].

Beale, G. K., 『신약성경신학』, 김귀탁 옮김, 서울: 부흥과개혁사, 2013.

Berkhof, Louis, 『벌코프 조직신학 (합본)』, 권수경 · 이상원 옮김, 고양: 크리스챤다이제스트, 2010[2001].

Billings, J. Todd, 『그리스도와의 연합』, 김요한 옮김, 서울: 기독교문서선교회, 2014.

Bruce, F. F., 『틴델 신약주석 시리즈 6: 로마서』, 권성수 역, 서울: 기독교문서선교회, 2007[2000].

Bruce, F. F. & Millard, A. R., ed., 『새성경사전』, 김의원 · 나용화 역, 서울: 기독교문서선교회, 1992.

Calvin, John, 『기독교강요』 제3권, 고영민 옮김, 서울: 기독교문사, 2007.

Erickson, Millard J., 『구원론』, 김광렬 역, 서울: 기독교문서선교회, 2006.

Hoekema, Anthony A., 『개혁주의 구원론』, 류호준 역, 서울: 기독교문서선교회, 2008.

Lincoln, Andrew T., 『WBC주석 42: 에베소서』, 배용덕 옮김, 서울: 도서출판 솔로몬, 2006.

Moo, Douglas J., "로마서", 『IVP 성경신학사전』, 김재영 · 황영철 역, 서울: 한국기독학생회출판부, 2011.

Parsons, Burk, 『교리 · 예배 · 삶의 균형을 추구한 사람 칼빈』, 백금산 외 19인 역, 서울: 부흥과개혁사, 2012.

Tumer, M. M. B., "성령", 『예수 복음서 사전』, 요단출판사 번역위원회 역, 서울: 요단출판사, 2013[2003]

van't Spijker, W., 『칼빈의 생애와 신학』, 박태현 옮김, 서울: 부흥과개혁사, 2009.

저자소개

　이경아(필명 이상아)는 1962년 11월 서울에서 태어났다. 1990년, 계간 ≪우리문학≫에 시 <설문지> 외 9편이 당선되어 등단하였으며, 인하대학교에서 국어국문학을 전공해 석사학위를, 동 대학원 한국학과에서 한국어문학을 전공해 박사학위를 받았다. 인하대학교와 서울성경신학대학원대학교에서 글쓰기와 토론, 글쓰기 훈련, 수사학적 글쓰기, 문제해결을 위한 글쓰기 등을 강의한 바 있으며, 지금도 인하대학교에서 학생들을 가르치면서 시인, 수필가로 활동 중이다.

상아연구논저총서 ③

성경에 나타난 그리스도의 마음

초판 1쇄 인쇄일	2023년 3월 2일
초판 1쇄 발행일	2023년 3월 12일

지은이	이경아
펴낸이	한선희
편집/디자인	우정민 김보선 신하영
마케팅	정찬용 정구형
영업관리	한선희 이나윤
책임편집	정구형
인쇄처	으뜸사
펴낸곳	국학자료원 새미(주)
	등록일 2005 03 15 제25100−2005−000008호
	경기도 고양시 일산동구 중앙로 1261번길 79 하이베라스 405호
	Tel 442−4623 Fax 6499−3082
	www.kookhak.co.kr
	kookhak2001@hanmail.net

ISBN	979-11-6797-108-1 *93230
가격	21,000원

* 저자와의 협의하에 인지는 생략합니다.
  잘못된 책은 구입하신 곳에서 교환하여 드립니다.
  국학자료원·새미·북치는마을·LIE는 국학자료원 새미(주)의 브랜드입니다.